Eugen Peter Schwiedland

Die Hausierfrage in Österreich

Eugen Peter Schwiedland

Die Hausierfrage in Österreich

ISBN/EAN: 9783743405073

Hergestellt in Europa, USA, Kanada, Australien, Japan

Cover: Foto ©ninafisch / pixelio.de

Manufactured and distributed by brebook publishing software (www.brebook.com)

Eugen Peter Schwiedland

Die Hausierfrage in Österreich

Die Hausierfrage in Österreich.

Von

E. Schwiedland.

Einleitung zu Band 82 der Schriften des Vereins für Socialpolitik.

Leipzig 1899, Duncker & Humblot.

Nicht im Handel.

Einleitung.

Die Hausierfrage in Österreich.

Von

Dr. E. Schwiedland,
Wien.

Inhalt: 1. Geschichte des Hausierrechtes in Österreich. — 2. Die gegenwärtige Gestaltung der Verhältnisse. — 3. Die Fragen einer künftigen Reform.

An der Hausierfrage entflammt sich in Österreich die Leidenschaft der Liberalen und Antiliberalen. „Von der Parteien Gunst und Haß verwirrt" schwankt das Charakterbild des Hausierers. In diesem Widerstreite der Ansichten, hinter dem sich ein Widerstreit politischer, konfessioneller und wirtschaftlicher **Interessen** birgt, durch objektive Erhebungen ein klares Bild zu schaffen von den Verhältnissen, welche das Hausierwesen beeinflussen und von diesem berührt werden, muß jedem, der die Pflege der Wirtschaftspolitik auf eine deutliche Einsicht in die Verhältnisse gegründet sehen möchte, als ein Gebot erscheinen. Die bezügliche Aktion des Vereins für Socialpolitik ist daher in der Absicht zweifellos höchst dankenswert.

Ist sie es auch im Ergebnis?

Der Vereinsvorstand entwarf im März 1896 den im Nachhang zu dieser Einleitung mitgeteilten Fragebogen zur Benützung seiner Mitarbeiter und der Auskunftspersonen dieser. Daraufhin warb der Herausgeber dieses Bandes die ihm geeignet scheinenden und zur Arbeit geneigten Verfasser der hier vereinigten Monographien. Deren Fertigstellung fällt in die Zeit vom Frühjahr bis zum Herbst 1898. Ende Dezember 1898 wurde die Drucklegung beendet [1].

---

[1] Anmerkung des Herausgebers. Bei dem Umstande, daß sich an den Gegenstand der Untersuchung in Österreich viel umstrittene wirtschaftspolitische Fragen anknüpfen, mag es nicht unerwähnt bleiben, daß der Unterzeichnete,

1.

Was ist, was war, was könnte und sollte sein? Das sind die drei Fragen, welche man sich bei wirtschaftspolitischen Arbeiten vor allem stellt. Zur deskriptiven oder statistischen Erfassung dessen, was ist, zur historischen Feststellung dessen, was war, gesellt sich die Ergründung der Ursachen der sich uns gegenüberstellenden wirtschaftlichen Begebenheiten, der Gründe, welche die sich uns darbietenden wirtschaftlichen Einrichtungen bestimmen.

Vielfach weist uns die Vergangenheit selbst die Ursachen des gegenwärtigen Zustandes. Denn diese sind nicht aus der reinen Verwirklichung des Principes der Wirtschaftlichkeit, sondern vielfach aus dauernden ethnographischen wie psychologischen sowie aus zufälligen politischen und historischen Momenten entstanden. Hat man aber die verschiedenen Kräfte erkannt, welche die konkreten wirtschaftlichen Erscheinungen bedingen, d. h. hat man die letzteren verstanden, so kann man oft — ohne deshalb übertriebenem Konservatismus zu verfallen — auch die Richtung der künftigen Entwicklung und die Grenze ihrer willkürlichen Beeinflussung richtig beurteilen.

Auf die Vergangenheit richtet sich bei der Beschäftigung mit der Hausierfrage von selbst der Blick. Das Mobilisieren gehört zum Wesen des Handels; die Mobilität des Händlers war früher eine notwendige Eigen-

welchem die Aufgabe zugefallen war, die überwiegende Mehrheit der Teilnehmer an der Arbeit zu gewinnen, bei der Auswahl der Persönlichkeiten, an die ein Antrag gerichtet wurde, vollkommen tendenzlos verfuhr und ihm die Auffassung der meisten Mitarbeiter gegenüber den Wünschen in betreff einer Beschränkung des Hausierhandels überhaupt völlig unbekannt war. Was den Umfang des Gebotenen anlangt, ist es freilich nicht möglich gewesen, sämtliche Teile des Staatsgebietes zum Gegenstand einer Berichterstattung zu machen; es gelang eben nicht, innerhalb der verfügbaren Zeit Mitarbeiter für alle Gegenden zu gewinnen, sowie für Einzelne, die an der Vollendung der Arbeit verhindert waren, rechtzeitig einen Ersatz zu ermitteln. Immerhin sind in der nachfolgenden Darstellung sehr verschiedenartige Distrikte — Stadt und Land, gewerbliche und industriearme, deutsche und nichtdeutsche Landesteile — vertreten. Auf die Selbständigkeit der Berichte ist es zurückzuführen, daß im Buche einzelne Wiederholungen über den Inhalt der einschlägigen gewerberechtlichen Vorschriften in Österreich vorkommen; es schien aber den Rahmen der jedenfalls sehr eng begrenzten redaktionellen Thätigkeit des Herausgebers zu überschreiten, derlei Anführungen umzuarbeiten, gleichwie auch mit Lesern zu rechnen ist, die nicht das ganze Werk, sondern nur einzelne Teile desselben benützen. Auch in diesem Punkte wurde also der Grundsatz gewahrt, daß die Berichte nach Form und Inhalt durchaus das geistige Eigentum der einzelnen Verfasser zu bleiben hätten. Unter der Unpünktlichkeit bei Einhaltung von Zusagen hatte ich vielfach schwer zu leiden; dieser Umstand verzögerte die Durchführung des Druckes in empfindlicher Weise.   Dr. Victor Mataja.

schaft dieses letzteren. Pigeonneau schildert den fränkischen Handelsmann vor tausend Jahren als Teilnehmer an einem Handelszug, das Schwert zur Seite, die Lanze in der Faust. Der berufsmäßige Händler jener Zeit ist der **fremde Hausierer**. Allmählich verliert der Wanderhandel an Bedeutung; das Transportgewerbe löst sich als selbständiger Zweig wirtschaftlicher Thätigkeit vom Handelsgewerbe ab. Noch mobilisieren aber Märkte und Messen, diese Brennpunkte des Detailhandels, Händler wie Gewerbsleute.

Während der Händler immer seßhafter wird, bleibt der Hausierhandel als Handel mit den kleinen Leuten fortbestehen. In dünnbevölkerten Gebieten spielt noch heute der Hausierer die Rolle des „Händlers" par excellence. Mit Packpferden und Karren wandern noch heute der „Pedler" im fernen Westen Amerikas, der Wanderhändler in Rußland. In kulturell vorgeschrittenen Gebieten aber nimmt der umherziehende Händler eine andere Stellung ein. Dort wird über die sociale Berechtigung, über die wirtschaftliche Bedeutung des Hausierers lebhaft gestritten. Mit der Zunahme der stabilen Handelsgewerbe beginnt die Klasse der seßhaften Händler jene der ambulanten als Schädling zu verschreien. Vom Mittelalter an sind Klagen wider die umherziehenden Händler und gegen sie ergangene Verbote leicht nachzuweisen, schon in der Zeit, da sie selbst noch bedeutendere Handelsleute sind. Wällische und Schotten ziehen noch zu Beginn der Neuzeit im Lande umher mit Sammt- und Seidenstoffen, Gewürzen und sonstigen Waren. Im Augspurgerisch Libell, darinn deß Landts Steyr beschwärung erledigt werden (10. April 1510), befindet Kaiser Maximilian I., „daß die Außländischen Kramer vnd Schotten abgethan, vnd in den Landen zu wandeln verbotten, auch beßhalben bevelch gegeben werden, solches zu wöhren und abzustellen." Ursach dessen ist „die von Stätten vnd Märckten nit klein beschwerde in dem, daß die außländischen Kramer, Schotten, vnd ander Hausierer, die Clöster, Schlösser, Dörffer, vnd Tafern allenthalben im Lande mit jhren Pfenwerten besuchen, das dann den Burgern, vnd denen **Stätten vnd Märckten zu merklichem abbruch jhrer narung raicht, auch die so von jhnen kauffen, mit geringem gewicht vnd falschen Pfenwerten etwo vil betrogen werden**[1]." Auch auf dem Ausschuß-Landtag der gesamten österreichischen Erblande zu Innsbruck 1518[2] werden diese Klagen der Städte verhandelt. Die Kaufleute und „Saphoyer", so wird geklagt, verkaufen auf den Märkten und außerhalb derselben, in den

---

[1] Landts-Hand-Vest deß Hertzogthumbs Steyer. Graz, 1697. Fol. 44, S. 2.
[2] Darstellung von Dr. H. J. Zeibig im Archiv für Kunde österreichischer Geschichts-Quellen; Band XIII, Wien 1854, S. 240. 282. 288. 315.

Städten und auf dem Lande die guten Waren neben den schlechten. Dadurch werde der gemeine Mann aus Unkenntnis von seiner Seite übervorteilt und eine bedeutende Summe Geldes in das Ausland gezogen. Zu bemerken ist, daß in Österreich das Marktrecht der Städte verlangte, daß fremde Kaufleute nur mit den Bürgern der Stadt Handel treiben[1]. Auf dem Lande aber durfte man Handelswaren nur aus einer Stadt oder aus einem privilegierten Marktorte — deren es in früheren Zeiten nur wenige gab — beschaffen und dort lediglich von Bürgern kaufen[2]. Eine Ausnahme machten der Handel mit den täglichen Lebensbedürfnissen und die Jahres- und Wochenmärkte, an denen jedermann die volle Freiheit genoß, ohne Widerrede der Bürger oder Kaufleute Waren aller Art herbeizubringen und wem immer zu verkaufen.

Dieser Rechtslage und der herrschenden naturalwirtschaftlichen Verfassung, in welcher die Bewohner des Landes noch vielfach die meisten Nutzdienlichkeiten ihres Gebrauches selbst herstellten, entsprach es, wenn eine Verordnung Ferdinands I. vom 16. Februar 1555 in Niederösterreich[3] „auff den Gey an allen Orthen hin und wieder in deren Bauer- und Hauern Häusern lauffen" verbietet, um „in Häusern oder sonst an ungewöhnlichen Orthen Eyr, Schmaltz, Käß, Hiener, Gänß oder andere Tägliche Nothdurfft" zu „bestellen oder kauffen" — ferner untersagt, „die Kauffmanns-Waaren", die (in der Stadt) für Wein angenommen werden, „daheimbt in den Häusern von der Hand Pfennwerth-weiß" hinzugeben. Endlich wird bemängelt, daß „auch auff den Dörffern und Tafernen allerley Kauffmanns-Handlungen, als mit Eysen-Geschmeid, Saltz, Wollen- und Lainen Tuch" getrieben werden und abgestellt „auff den Dörffern oder anderen verbottenen Orthen Kauffmannschafft treiben."

---

[1] Franz Kurz, Österreichs Handel in älteren Zeiten, Linz 1822, S. 387. Beilage XVI; Darstellung S. 66—75.

[2] Ebendort S. 359 fg., 383 fg., 393 fg., 447 fg. (Beilagen VI, XV, XVI, XIX, XLII); Darstellung S. 81 fg. und 193 fg. — Steirische Landhandfeste, Folio 22, S. 2: „Daß alle Kauffmanschaft von Burgern in Stätten vnd Märckten geübt vnd getriben sol werden" (Entscheidung König Friedrichs III. vom Samstag nach Aller Heiligen 1445). Vgl. ebendort F. 27, S. 2, F. 28, S. 1. — Codex Austriacus, Pars I, S. 455: „Und Burgerliche Gewerb mit allerley Pfennwerthen zu treiben ist denen Bauers-Leuthen auff dem Land, wo keine gewöhnliche Märckt seyn — und denen Städten und Märckten dardurch an ihren Gewerben Abbruch geschieht — verbotten bey Hinwegnehmung der Waaren und Pfennwerthen, auch noch anderer Straff." Verordnung Ferdinands I. vom 2. Juli 1540, wiederholt am 6. Juli 1568, 30. November 1568, 18. Oktober 1570, 19. März 1571. (Codex, S. 455; Schlagwort: Hantierung.)

[3] Cod. Austr. ebendort, S. 455 fg.

Desgleichen verbot Ferdinand I. unter dem 16. Dezember 1544 in den österreichischen Erblanden und Görz, daß Krämer und Hausierer, die nicht in den Erblanden angesessen und von „jrer Obrikait mit Paß=porten versehen" sind, „jhres gefallens vmbschwaiffen" um alle Märkte und Kirchtage zu besuchen[1]. In Österreich ob und unter der Enns wurde unter dem 18. Dezember 1570 neuerlich „allen und jeden, so sich in Dörffern, Höfen und Tafernen auffhalten, oder in Städten und Märckten nicht ge=sessen oder zu Burgern angenommen", sowohl die Hantierung oder Krämerei auf Märkten als das Hausieren schlechthin verboten[2].

Die Ferdinandäische Verordnung aus 1555 zählt alle Arten des „Gäu=handels" auf. Gew, Gey, Gäu — unser „Gau" — bezeichnet das Land außer Städten und Märkten; Gäuhandel ist Handel auf dem offenen Lande. Er umfaßt als solcher die Thätigkeit des Aufläufers, des unbefugten Krämers, sowie des Hausierers — wie diese Verordnung sie aufzählt. Die wirtschafts- und finanzpolitischen wie polizeilichen Ursachen seiner Bekämpfung sind in den Patenten wiederholt ausgesprochen.

Maßgebend war bei diesen Verfügungen sowohl die Rücksicht auf die steuerzahlenden Gewerbsleute, als auch die Erwägung, daß etliche dieser umschweifenden Krämer „das Gelt zusamen tragen und auß den Lannden verfüren" und endlich, daß von ihnen „bey disen beschwerlichen Kriegsleufften" „allerlay böser Practicn und Außkundtschafftung" zu besorgen seien[3].

Aber, wie es mit anderen Übungen und Menschen erging, die man in Österreich im Laufe der Jahre „auszurotten" befahl — hierzu gehörten u. a. nicht bloß die Pfuscher, der Wucher, die Bettler, die liederlichen Personen, die Ziegenhaltung, sondern auch die Hausierer —, erging es auch mit dieser letzteren Kategorie. Sie wird immer wieder „abgeschafft", zum Beweis der Unerheblichkeit ihres Verbotes.

Kaiser Rudolf II. verweist in einer Urkunde vom 12. März 1582 darauf, daß er schon in einer Kaufsordnung als Generalmandat „alles Hantieren am Gäu" verboten habe[4]. Andere Verbotspatente folgen nach[5]. 1697 mißbilligt Leopold I., daß unterschiedliche Handelsleute das Jahr hindurch außer den

---

[1] Staatsarchiv, Patentensammlung, Fascikel 2; Codex a. a. O., S. 466 fg., Schlagwort: Hausiren.
[2] Ebendort, S. 467.
[3] Ebendort, S. 467.
[4] Kurz a. a. O., S. 449.
[5] Patente vom 14. April 1574, vom 11. Mai 1602, vom 7. April 1626, vom 7. September 1645 und vom 2. September 1667 im Steiermärkischen Landesarchiv zu Graz (Patentensammlung). Vgl. ebendort das steirische Gäuhandelspatent vom 13. März 1751.

Jahrmarktzeiten mit Waren nach Wien kommen, anderen Kaufleuten zu Schaden handeln, Hausierer halten und sich unterfangen, ihre Waren in die Häuser zu tragen und ohne Scheu zu verkaufen. Die Waren solcher Handels=leute und Hausierer sollen konfisziert werden[1].

Im XVIII. Jahrhundert haben, wie Costa[2], vermutlich auf Grund von Archivquellen, welchen nachzugehen mir leider die Zeit gemangelt hat, anführt, die „Städte und Märkte vor dem Throne Carl des VI." gleich=falls erneuert bringend vorgestellt, daß durch die „unangesessenen nicht dem geringsten Oneri unterworfenen Krätzenträger" der verarmten Bürgerschaft der größte Abtrag geschieht — daß durch jene Leute „die Species-Gelder heimlich auß dem Lande practicirt werden" (die Ausfuhr voll=wertiger Münzen war damals[3] verboten) — daß durch sie „der arme Bauers=Mann nur unter das Licht geführt" werde. Karl VI. würdigt in seinen Hausierverboten[4] die Beeinträchtigung des Handels=standes und der „in Bürgerlichem Mitleiden in Städt= und Märkten stehenden Cramer", betont aber noch andere Rücksichten der guten Ord=nung, nämlich, daß auch „unter diesem Vorwand von schlimmen Leuten öfters die Häuser und Wohnungen auskundschaftet" werden, daß „viele Diebe, Räuber und Mörder, um die Häuser und Wohnungen auszuspehen, und ihr böses Vorhaben desto leichter auszuüben, zumalen auch auf Gassen und Straßen desto sicherer unterm Vorwand eines ehr=lichen Gewerbs wandeln zu können, auf das Hausieren mit . . . . . kurzer Waar, sich begeben, oder auch mit verschiedenen Spielen . . . und dergleichen im Land herum ziehen, andurch in ihren Krächsen, Butten, Ranzen, Pinkeln, und andern Packwerken, nebst dem Diebs=Zeug, die gestohlene und geraubte Sachen durchbringen, selbe bey ihren Diebs=Hehlern niederlegen, endlich an die Tändler und Juden versilbern." Die genaue Visitierung der Pack und Pinkel des „höchst gefährlichen Gesind, kurze Waaren=Händler und Land=Streiffer, wie auch Lieder=Singer und Bandel=Kramer, wann diese letzten mit keinen authentischen Pässen versehen," schreibt auch ein Patent vom 19. Oktober 1739 vor[5]. Die Beeinträchtigung der Professionisten

---

[1] Codex, ebendort, S. 452 fg.

[2] Costa, Das österreichische Hausirhandelsrecht, Graz 1834 (systematische Dar-stellung der Rechtslage zu dieser Zeit), S. 4.

[3] Vgl. das Patent vom 25. April 1721, Codex Austr., Suppl., Pars II, S. 9 fg.

[4] Patente vom 24. März und vom 19. Juni 1722 („Ausrottung der Zigeuner und Räuber"); ebendort S. 42 u. 94.

[5] Ebendort S. 1116.

und Übervorteilung der Käufer trägt auch Maria Theresia in einem Patente vom 18. Juni 1750 den Hausierern nach[1], und unter dem 4. März 1764 läßt sie im Interesse der Strumpfwirker die noch immer auf dem Lande umziehenden Savoyarden, welche verschiedene Seidenwaren, insonderheit seidene Strümpfe in beträchtlicher Menge verhausieren, abschaffen[2]. Gleichwohl war es auch auf diesem Gebiete Maria Theresia, welche den Weg der Reformen betrat[3].

---

[1] „Es seye einige Zeit-her des mehreren beobachtet worden, was massen ohnerachtet deren vielfältig ergangenen allerhöchst-Landes-fürstl. Generalien denen unbefugten Gewerbs-treibern, oder sogenannten Stöhrern, Hausierern, und kurzen Waar-handlern, wie auch verbottener Weise einige Handlung Treibenden- zu den immerhin auf dem Land der Unterstand verstattet, annebens auch der freye Handel und Wandel ohnbedenklich zugestanden werde.

Wiezumahlen aber durch berley sich wider alle Befugnuß eintringende Personen nicht nur allein die hierländige Professionisten eine allwegs unzuläßliche Beeinträchtigung zu befahren haben, sondern ebenfals die Kauffere in Ansehung dieser zum öftern sehr gefährlichen Leuten und Landschwärmeren vielen Übervortheilungen ohnzweifelbar ausgesetzt seynd, und eben derohalben Ihre Kaiserl. Königl. Majestät vermög einer den 6ten April jüngsthin geschöpft-allergnädigsten Resolution aus allerhöchst-Landes-Mütterlicher Vorsorge zu verordnen mildest bewogen worden, daß von nun an, Eingangs berührt-unbefugte Gewerbs-treibere und Juden außer denen gewöhnlichen Jahr-Märkten keinesswegs gedultet, sondern in erfolgendem Betretungs-fall arrestirlich angehalten, und sodann mit solchen denen bereits emanirt-allerhöchsten Generalien gemäß unabbrüchig fürgegangen werden solle.

Solchemnach wird ihnen Eingangs erwehnten Städt-, Märkt-, Dorf- und Grund-Obrigkeiten, wie auch denen diesfälligen Vorstehern, Land-Gerichts-Verwaltern, Beamten, Richtern und Gemeinden hiemit alles Ernstes anbefohlen, daß selbe bey ansonst auf sich ladend-schwärester Verantwortung die außer denen Markts-Zeiten sich betretten lassende Hausierer, kurze Waar-handler, oder Juden ohne weiterem verwahrlich anhalten, die bey ihnen befindliche Waaren abnehmen und hievon eine verläßliche Specification abfassen, sobann aber diese Verzeichnuß nebst einem aufnehmend-Summarischen Examine ihr Kaiserl. Königl. N. Oe. Repraesentation und Cammer ohnverweilt einschicken, und über dem in Sachen erstattenden Bericht der hierauf erfolgenden Verordnung gewärtig seyn sollen." (Patent vom 18. Juni 1750 für N.-Ö., betr. die Abstellung der Störer, Hausierer und Kurzwarenhändler — Archiv des k. k. Ministerium des Innern, Patentensammlung, Nieder-Österreich.)

[2] Suppl. Codicis Austr., VI, S. 550.

[3] Schon in dem Geihandelspatent für Steiermark vom 13. März 1751 werden „alle unprivilegirte und fremde Hausierer, Kragenträger, Savoiarden, Bandelkrämer" u. s. w. abgestellt. „Doch können, um das Publikum in keinen Mangel zu setzen, ein und andere Materialkrämer in gewissen Bezirken, und nach Umständen,

Die Gesetzgebung beugte sich schließlich vor den Verhältnissen, die sie nicht beherrschen konnte: man ging vom Verbote zur Regelung des Hausierwesens über, obwohl zu jener Zeit in Wien der gesamte Handelsstand wider „die öfteren Gewölbe und das Hausiren der Fabricanten" anbauernd Klage führte[1].

Noch die Zollordnung vom 18. Oktober 1766 will[2] „das dem Handelsstande so nachtheilige Hausiren .... alles Ernstes eingestellt haben" — ein Verbot, das bezüglich des Hausierens mit Büchern und Bildern[3] und bezüglich des Kleinverkaufes fremder Kaufmannswaren seitens durchziehender Fuhrleute „bey Hause oder unterwegs" wiederholt wird[4] — allein diese Zollordnung statuiert selbst zugleich die Ausnahme der Hausierer mit Erlaubnispatenten. Solche waren generell für einzelne Bevölkerungsklassen zulässig: sie konnten[5] den Juden in Böhmen für inländische Waren, dann den Insassen einiger unfruchtbarer Landstriche in Krain für Nahrungsmittel gegeben werden. In den Grenzbezirken galten jedoch die Erlaubnispatente zum Teile nicht, denn, wie die Zollordnung (§ 94) gebot: Das „Hausiren mit Schnitt-, Spezerey-, Drogerie- und Nürnbergerwaren"

---

gegen Anheischigmachung häuslicher Niederlassung, Annehmung des Bürgerrechts und Beiziehung in das bürgerliche Mitleiden gedulded, und von der Landesstelle mit ordentlichen Hausierpatenten versehen werden." „Dagegen werden die von den Dominien und Landgerichten erteilten Hausierzettel oder Licenzbriefe aufgehoben, und auszustellen auf das schärfste verboten." (Steiermärkisches Landesarchiv; ein Auszug in der „Sammlung aller k. k. Verordnungen und Gesetze vom Jahre 1740—1780", Wien 1787, Bd. I, S. 281 fg.)

[1] Akten des Hofkammerarchives, Handelstrieb N.-Ö., Fascikel 65 aus 1752 bis 1800, ferner Fascikel 66, Akt vom 20. Februar 1760. In diesem Akte erwähnt die Kommerz-Hofstelle, daß die Vorsteher und der gesamte Handelsstand von Wien gebeten haben, „den hiesigen Fabricanten die öfteren Gewölber und in sonderheit das schädliche Verhausiren ihrer Producten abzustellen," worauf erwiedert wird, daß „wenn der Handelsstand den Fabricanten und Fabriquen ihre Erzeugnissen abnimmt," die beklagte Übung „so wie alles Anderes von selbsten aufhören" werde. — Vgl. Suppl. Codicis Austr., letzter (VI.) Teil, S. 242 fg., woselbst unter dem Schlagworte „Manufacturn-Beförderung" die Anordnung vom 9. November 1761 abgedruckt ist, wonach die auf dem Lande in Kommerzial- (d. h. zum Absatz außerhalb des Erzeugungsortes bestimmten) Waren arbeitenden Meister ihre Fabrikate außer Marktzeit in keiner Stadt, wo derlei Meister ansässig sind, hausieren tragen, noch stückweis verkaufen dürfen.

[2] Supplementum Codicis Austriaci, VI. Teil, S. 875.

[3] Patent vom 17. Oktober 1766; ebendort S. 863 (vgl. V. Teil, S. 237, VI. Teil, S. 401).

[4] Patent vom 25. April 1769; ebendort VI. Teil, S. 1186.

[5] Hofdekret vom 3. Dezember 1767.

durfte „auf 1 Meile oder 2 Stund in das Land" nicht stattfinden. Zugleich wurde eine Reihe von Waren für den Hausierhandel verboten.

Die Erlaubnißscheine — obrigkeitliche Licenzen — ermächtigten nach dem Hofdekrete vom 21. August 1772 zum **Hausieren auf dem Lande**, ohne Wägen oder Saumrössern. Schubkarren, Kraxen und Bündel allein waren statthaft[1].

In Wien wurden im Patent vom 8. April 1771 die alten Generalien erneuert und nochmals „das Hausiren oder Umhertragen der Waare zum Verkaufe von Haus zu Hause sowohl in- als außer Marktzeiten bey Verluste derselben verboten[2]".

Diesen Standpunkt einzuhalten hatte der N.-Ö. Kommerzien-Konseß[3] empfohlen. Die Hausiererei und der unbefugte Handel hätten zu sehr zugenommen, zumal „fast alle fremde friseurs, Herrschafts-Kammerdiener und andere Bediente und ihre Weiber unter dem Vorwand der Mode-Arbeit die ganze Stadt nicht nur mit hunderterley Artickeln der denen Kurzwaaren- und Hutstepperhandlern eigentlich zum Verkauf gehörigen Waaren anfüllen, und die dazu benöthigte vermuthlich meistentheils hereingeschwärzte Seiden-Waaren, Knöpfe, Bänder, Spitzen, und wohl gar unverarbeiteter, auch Stück-

---

[1] Die Verordnung vom 21. August 1772 („republizirt vermög des Hofdekrets vom 22. Hornung 1783") bestimmt:

„2. Wird überhaupt sowol den Juden als den Christen, in den Städten, wo bürgerliche Kaufleute und Krämer sind, das Hausiren mit fremden und inländischen Waaren durchaus, und sowohl in als auser der Marktzeit bei Konfiszirung der Waaren verboten, mithin solches allein auf dem Lande ihnen erlaubet, auser diesem aber unter der nämlichen Strafe untersagt ist. Auch ist dieses Hausiren nur mit Schubkärnen, Krägen und Bündeln, nie aber mit Pferden und Wägen erlaubet. Ferner sind davon kostbare Seiden-, Halbseiden- und Sammetwaaren, reiche Zeuge, Gold- und Silberspitzen, feine Tücher, Fils b'angora und andere feine wollene Zeuge in ganzen Stücken ausgenommen, und ist daher die Hausirung mit solchen Waaren nur in Resten, bis zur Regulirung der neuen Mauthtarif gestattet. Zur mehreren Sicherheit soll den Christen und Juden — welches aber keine sich übel verhaltende Leute sein müssen, sondern Leute, die es nach ihren Umständen verdienen — von den Obrigkeiten oder deren Beamten die Erlaubniß dazu umsonst ertheilet werden. Hieraus versteht es sich leicht, daß das Hausiren ohne einen dergleichen obrigkeitlichen Erlaubnißschein weder den Christen noch den Juden zu gestatten, sondern ohne diesen betretenen Hausirern die Waare zu konfisciren sei." (Handbuch aller unter der Regierung des Kaisers Joseph II. für die k. k. Erbländer ergangenen Verordnungen und Gesetze; Wien 1785; Zweite verbesserte und vermehrte Auflage. Band I, S. 142 fg.)

[2] Patentensammlung des Ministeriums des Innern, Niederösterreich.

[3] Bericht vom 14. Februar 1771, Hofkammerarchiv, Akt 32 aus 1771.

und Ellenweiß verkauffen." Die Kommerz-Hofstelle bemerkte hierzu[1] der Kaiserin: „Man findet allenthalben, daß die hiesigen bürgerlichen Handelsleute, und besonders die Leinwandhändler durch die vielfältige Hausirer gar sehr beeinträchtiget werden; doch aber kann man auch nicht allen Verdacht bey Seiten lassen, daß nicht dergleichen Hausirer öfters mit unächt ausgefallenen oder aus der Mode gekommenen oder endlich mit anderen dem Verderben ausgesezten Waaren von denen hiesigen bürgerlichen Handelsleuten selbst, besonders zu der Zeit, wo sich ein und andere ihrem Verfalle nahe sehen, versehen worden seyn sollten; da sonst nicht zu begreifen wäre, wie der Handelsstand so lange zugesehen, und es dahin kommen lassen, daß das Hausiren so sehr überhand genommen, daß fast mit allen Gattungen der Waaren ohne Scheue öffentlich gehandelt wird." Was die in den Vorstädten „in abgelegenen gegen wohlfeile Zinsungen gemietheten Wohnungen sich aufhaltenden Band- und andere Fabricanten" betrifft, welche ihre Waren großenteils durch Hausierer verkaufen lassen, wird bemerkt, daß diese ohne den raschen Absatz ihrer Waren sich nicht erhalten und niemals die im Handel üblichen Zahlungsfristen zugestehen könnten. Auch sei zu beachten, daß der um den Absatz seiner Waren bekümmerte und in Not befindliche Arbeiter argen Bedrückungen am Preis ausgesetzt wäre, wenn er seine Erzeugnisse bloß von einem Kaufmann zum andern wandernd absetzen dürfte. Die Kaiserin stimmte der Abfassung eines Verbotspatentes zu, befahl aber, „auch ein Mittel fürzudenken, wie den einzelnen Fabricaten, welche die Handelsleute nicht verlangen, oder ihre Fabricata abdrucken wollen, mit Billigkeit geholfen werden möge." Hierauf berichtet die Hofstelle[2]: „So viel es übrigens die einzeln Fabricanten betrift, so ist diesen noch ferners gestattet, bey Hause ihre Waaren Stückweis und Großweis zu verkauffen," ferner Märkte zu besuchen und dort ihre Waren auszuschneiden und den Kleinhandel zu treiben. Das Hausierverbot werde sie aber im übrigen veranlassen, sich auf vollkommenere Arbeit zu verlegen, um Käufer zu finden, „gleichwie nun die emsigeren und allenthalben gut fortkommende Fabricanten ohnehin nur für Handelsleute arbeiten." In Fällen, wo von Erzeugern besonders geklagt würde, daß ein Handelsmann sie zu hart halte und ihre Waren abzudrücken pflege, sei der N.-Ö. Kommerzien-Konseß berufen, für Abhilfe zu sorgen. Hierauf erfloß das oben erwähnte Verbotspatent für Wien.

Josef II. setzte die Reformen fort.

---

[1] Bericht vom 25. Februar 1771, ebendort.
[2] Bericht vom 18. März 1771, ebendort.

Schon eine Hofentschließung vom „17. Christmonat 1783" erklärt, daß Hausieren sei, sobald es zu keinem Mißbrauche führt, nicht verboten, „und soll die Zahl derlei Leute nicht beschränkt werden, indem sich, soviel möglich zum Grundsatze zu nehmen ist, daß iedermann gestattet werde, seinen Nahrungsverdienst auf was immer für eine erlaubte Art zu suchen"[1].

Zwei aufeinanderfolgende Zollordnungen (vom 16. September 1784 und vom 2. Januar 1788) und Hausiervorschriften vom 1. Dezember 1785 und vom 4. Juni 1787 bilden alsbald die Grundlage der neuen Ordnung. Das erste Zollgesetz[2] verbietet (§ 40) „das sogenannte Hausiren mit ausländischen Waren" schlechthin, „Fremden aber auch das Hausiren mit inländischen Waren aufs schärffste." „Zwo Meilen an den Gränzen ist wegen Gefahr des Schleichhandels alles Hausiren verboten." Die beiden ersteren Bestimmungen übernimmt auch das zweite Zollpatent[3]. Die Grenzgebiete hatte das 1787er Patent den Hausierern freigegeben.

Eine Hofentschließung vom 8. Juni 1785 und die Hofverordnung vom 1. Dezember 1785[4] verbot gleichfalls das Hausieren allen Fremden, mit welchen Waren immer, mit fremden Waren aber auch den eigenen Unterthanen schlechthin. Rücksichtlich des inländischen Hausierers bestanden noch weitere Beschränkungen. Er durfte in Städten und größeren Märkten, „die mit ordentlichen Kaufleuten versehen sind, blos zum Jahrmarkt hausieren und Tücher und andere beträchtlichere Schnittwaren" überhaupt nicht führen. Die zweitgenannte Hofverordnung schloß überdies, wohl aus sanitären Rücksichten, die „Schokolade" selbst inländischer Erzeugung aus[5].

Das 1787er Patent[6], welches nach des Kaisers persönlichen Weisungen

---

[1] Handbuch der Gesetze und Verordnungen, Bd. I, S. 144.
[2] Archiv des Ministeriums des Innern; Patentensammlung Nieder-Österreich.
[3] Ebendort „§ 61. Das Herumtragen von Haus zu Haus oder das sogenannte Hausieren ist mit allen fremden Waren gänzlich verboten." „§ 123. Inländer, welche mit fremden ... Waren im Hausieren betreten werden, ... verlieren dieselben." „§ 124. Ausländern hingegen ist das Hausieren bei Verlust aller Waren verboten."
[4] Handbuch, Band VIII, S. 183 und 185 fg.
[5] Noch 1810 macht der Hofrat und Protomedikus v. Stift gegen Zuckerwerk, Chokolade, Lebkuchen und alle Leckerbissen geltend, daß „in der Zusammensetzung allerhand, der Gesundheit Nachtheiliges enthalten seyn kann," und daß „der Art Artikel selbst dadurch, daß sie in nicht geeigneten Gefäßen bereitet werden, schädlich werden können." Sie seien deshalb im Hausieren zu verbieten. (Hofkammerarchiv, N.-Österr., Commerz, Fascikel 65, Akt 32.)
[6] Hofkammerarchiv, Akt 30 aus 1787, enthaltend die Originalresolution auf einen Vortrag der vereinigten böhmisch-österreichischen Hofkanzlei, Hofkammer und

abgefaßt wurde, giebt den Warenverkauf von Haus zu Haus Inländern an **allen Orten der Erbländer** in und außer der **Marktzeit** frei.

Bankodeputation. Dieses grundlegende Patent lautet (die gesperrt gedruckten Worte sind im Originale fett gedruckt):

„In Ansehen des Waarenverkaufs, welcher von Haus zu Haus geschieht, oder sogenannten **Hausierens** finden Wir nöthig, Folgendes festzusetzen:"

§ 1. Dieser Handel wird allen **Inländern** an allen Orten der Erbländer, ohne Ausnahme der mit eigenen Kaufleuten versehenen Städte und Märkte, in und ausser der Marktzeit gestattet, und sind die sogenannten Hausierer an die in dem Zollpatente vorgeschriebene Entfernung von der Gränze nicht gebunden.

§ 2. Den **Juden** allein kann dieser Handel nur in Böhmen, Mähren und Schlesien bewilliget werden.

§ 3. Die Waaren, mit welchen von Haus zu Haus gehandelt wird, müssen **erbländisch** seyn: und von **erbländischen** Waren wird keine Gattung untersagt.

§ 4. Den Unterthanen der Herrschaft **Gottschee** und **Reifniz** bleibt dieser Handel auch mit einigen ausländischen Früchten und Fischwaren nach der Vorschrift vom 1ten December 1785 ferner gestattet.

§ 5. Alle Waaren, welche von Haus zu Haus verhandelt werden, und der Stemplung unterliegen, müssen **gehörig gestempelt** seyn.

Bei den Waaren, welche der Stemplung nicht fähig sind, muß durch richtige **Zeugnisse** derjenigen erbländischen Kaufleute, oder Fabrikanten, von welchen sie gekauft worden, bewiesen werden, daß es **erbländische Produkte** sind.

§ 7. Wer diesen Handel treiben will, muß mit einem **Passe** desjenigen Kreisamts, in dessen Bezirk er seinen eigentlichen Wohnsitz hat, versehen seyn.

§ 7. Um diesen Paß zu erhalten, muß jedermann von seiner Ortsobrigkeit, oder vom Magistrate das Zeugniß eines guten, unbescholtenen Lebenswandels beibringen.

§ 8. Der Paß wird, die Stempelgebühr ausgenommen, **unentgeltlich** ertheilt werden.

§ 9. Wer mit **fremder**, oder **ungestempelter** erbländischer Waare, welche der Stemplung unterliegt, diesen Handel treibt; wer bei demselben **ohne Paß**, oder mit einem Passe auf **fremden Namen** betreten wird; wer über diejenigen Waaren, welche der Stemplung **nicht fähig** sind, auf die in dem 5ten § vorgeschriebene Art sich auszuweisen **nicht vermag**, verliert die Waare, und ist zu dem Hausiren auf immer unfähig.

§ 10. Auch **Fremde**, welche in den Erbländern im Hausiren betreten werden, werden ihrer Waaren verlustig.

§ 11. In diesen Übertretungsfällen steht endlich die Untersuchung und Erkenntniß, wie bei anderen Zollkontrebanden, der Bankalbehörde zu." — (Archiv des Ministeriums des Innern, Patentensammlung, N.-Ö., Handbuch, Bd. XIII, S. 243.)

Freilich ereignete es sich in der Praxis, daß vom Kreisamte unter dem Wiener Wald in Nied.-Österreich noch im Jahre 1794 auf Grund des Hausierpatentes aus 1785 — entgegen jenem aus 1787 — entschieden wurde (Hofkammerarchiv, N.-Ö., Commerz, Faszikel Nr. 65 aus 1801—1813, Akt Z. 33).

Noch merkwürdiger ist in einem Berichte des k. auch k. k. Triester Guberniums

Wer diesen Handel treiben will, muß mit einem Passe seines Kreisamtes versehen sein. Um ihn zu erhalten, hat er das Zeugnis eines guten, unbescholtenen Lebenswandels beizubringen. Zugleich begegnen wir im Patente von 1785 den begünstigten Gegenden in erweitertem Umfange: einerseits **bedürftigen Gegenden**, deren Bewohner ihren Lebensunterhalt auswärts verdienen mußten, anderseits **Gegenden**, in denen die **Erzeugung** bestimmter Waren in besonderem Maße **ortsüblich** war. Zu den ersteren gehörte die Gottschee in Krain, deren Angehörige auch fernerhin mit Nahrungsmitteln ausländischen Ursprungs hausieren durften, zu letzteren Gebiete, die mit ihren typischen Waren, sowie Böhmen, das im Lande und nach Mähren mit Glaswaren, allenthalben aber mit Federn Hausierer aussenden durften[1]. Nach dem Patente von 1787, welches das Hausieren den Inländern mit inländischen Waren ganz freigab, bedurfte es dieser Privilegien nur insoweit, als (§ 4) das Hausieren mit ausländischen Waren erlaubt wurde.

Diese Josefinische Hausierordnung wurde erst von Kaiser Franz abgeändert, obwohl die Beschwerden der Handelsleute in mehreren Städten verschiedener Provinzen den Anlaß gaben, im Jahre 1791 das Gutachten sämtlicher Länderstellen über den Hausierbetrieb einzuholen.

---

an die k. auch k. k. Hofkammer vom 25. März 1806 (ebendort, Akt 46) die Bemerkung: „Gleich in dem 1ten § des allerhöchsten Hausirpatentes vom 4ten Junius 1787 wird festgesetzt, daß in den mit eigenen Kaufleuten versehenen Städten und Märkten das Hausiren nicht statt haben solle; es versteht sich daher von selbst, daß in Triest keine Hausierer zu dulden sind."

[1] Punkt 10 der Hausierordnung vom 1. Dezember 1785:

10. Die Unterthanen des sogenannten Bändelkrämerbezirks (Waidhofen a. d. Thaya. D. B.) dürfen die daselbst verfertigten Zwirn- und Leinenbändel, dann die leinenen, mit Baumwolle vermengten Tüchel, die leinenen und halbleinenen Fätschen, und Lanqueten, die leinenen und harassenen Hosenträger nebst dergleichen Rundschnüren, und Schnürriemen, dann weißen, und gefarbten Zwirn sowol in den k. k. Erbländern, als auch aufer Landes verhandeln, und herumtragen. Den Unterthanen von Großpoppen, und Neunzen ist erlaubt, ihre selbstverfertigten Bändel, und Tüchelwaaren in den k. k. Erbländern, und aufer denselben auch im Lande Tirol, auch aufer Marktszeit wie vorhin zum Verkaufe herumzutragen. . . .

11. Den böhmischen Glashändlern wird gestattet, ihren Handel wie bisher zu treiben, mithin in Böhmen und Mähren, jedoch unter Beihabung böhmischer Gubernialpässe, zu hausiren, in Niederösterreich aber die kleineren Jahrmärkte, und Kirchtage zu besuchen. Den böhmischen Unterthanen wird das Hausiren mit Federn allein gestattet . . . . . Jedoch ist diese Befugniß auf böhmische Juden in den österreichischen Landen nicht zu erstrecken, welchen das Hausiren allgemein verboten bleibt.

Hierbei wurden[1] wider den Hausierbetrieb folgende Argumente vorgebracht: rücksichtlich der Händler, daß die Konkurrenz der Hausierer sie nach und nach zu Grunde richten und ihren Kredit schwächen müßte. Das Gewerbe der radizierten Händler sei ihr Kapital. Mit ihrer Steuerleistung stehe die bloße kleine Konzessionstaxe der Hausierer in keinem Verhältnis. Daher sei es billiger, die radizierten als die laufenden Gewerbe zu vermehren.

Der Staat erleide durch den Schleichhandel Nachteil. Auch schleppen die Hausierer das Geld aus dem Lande und bringen mit ihren schlechten Waren den inländischen Kommerz im Auslande in üblen Ruf.

Die Produktion betreffend schaffe diese Vertriebsart den Fabriken und Manufakturen wenig oder keinen Nutzen. Wenn der Fabrikant — sagt die oberösterreichische Regierung — anstatt sich zu Hause mit Erzeugung einer Ware zu beschäftigen, im Lande herumzieht, um seine Waren von Haus zu Haus zu verkaufen, versäumt er an seiner Arbeit vieles und verzehrt auch einen großen Teil des Gewinnes auf der Reise.

Das Publikum anlangend schädigen die Hausierer die öffentliche Sicherheit; sie sind oft ein liederliches Gesindel, verleiten junge Leute zum Ankauf unnötiger Waren und zur Liederlichkeit, bedienen die Verbraucher mit unechter Ware, Ausschußfabrikation. Würde keine Abhilfe gegen sie geschaffen werden, müßten die Händler ihre Waren allgemein zur größten Bedrückung des Publikums verteuern, um noch bestehen zu können.

Gleichwohl wird auch zu Gunsten der Hausiererei erwähnt, daß sie eine Nahrungsquelle für manche Insassen schaffe, die sonst keines Verdienstes mehr fähig wären. Selbst die oberösterreichische Regierung möchte zu Gunsten der ausgedienten Sensenschmiedgesellen das Hausieren mit Sicheln gestatten. Die Industrie, führt das böhmische Gubernium an, erfahre durch das Hausieren Beförderung; es erleichtert, führt jenes in Niederösterreich an, den im Lande zerstreuten Manufakturisten den Absatz ihrer Erzeugnisse.

---

12. Den tirolischen Unterthanen bleibt erlaubt, mit Tirolerteppichen zu hausiren . . . .

13. Es wird auch den Unterthanen der Herrschaft Gotschee das Hausiren mit folgenden Waaren ferner gestattet, als
  a) mit Baumöle,
  b) mit welschen Früchten, nämlich mit Pomeranzen, Limonen, Zitronen, Granatäpfeln, Margaranten, Kastanien, Datteln, Karobe oder Bockshörneln, Haselnüssen, Feigen, Mandeln, Zibeben, Weinberln und Kapern, Reiß, Sardellen, Schildkröten, Lorbeerblättern, Austern, Müscherln, Kalamari, Dragawein.

[1] Hofkammerarchiv, a. a. O., Aktenbündel Registraturszahl 51 ex 1792.

Was endlich den **Konsumenten** betrifft, trage dieser Handel zu dessen Bequemlichkeit bei. Er verschafft dem Landmann dort, wo keine Handelsleute und Krämer sind, die Gemächlichkeit, seine bringenden Warenbedürfnisse ohne Zeitversäumnis zu überkommen. Das tiroler Gubernium erklärt die Hausierer für notwendig für jene von Städten und Märkten zehn bis vierzehn Stunden entfernten tiroler Thäler, in denen keine so großen Dörfer sich finden, daß ein Krämer sich dort festsetzen könnte. Und selbst in Städten und Märkten könne man durch sie zuweilen neue und gute Waren um billigen Preis erhalten, was bei den ansässigen Kaufleuten nicht immer der Fall sei. Da ferner in Tirol fremde Erzeugnisse weder verboten noch mit hohen Zöllen belegt seien, befördern dort die Hausierer geradezu den Absatz erbländischer Waren.

Die böhmisch-österreichische Hofkanzlei und Hofkammer tritt den Begünstigern des Wanderhandels bei. Die von der oberösterreichischen Regierung beantragte unbedingte Aufhebung der Befugnis, zu hausieren, so führt sie aus, wäre ein sehr nachteiliger Schritt. Wohl aber scheine die Anregung der Aufmerksamkeit wert, die Hausierer aus **Städten und Märkten** auszuschließen. Dort seien die Händler in beträchtlicher Menge vorhanden, daher bestehe kein Bedürfnis für wandernde Krämer; wohl aber werden die Händler durch deren Thätigkeit geschädigt. Der Vortrag erwähnt auch, daß in Brünn das Hausieren infolge Beschwerden der dortigen Großhändler verboten worden sei. Ebenso könne rücksichtlich aller Städte, welche mit ordentlichen Kaufleuten versehen sind, vorgegangen werden.

Der Kaiser ging jedoch auf diese Anregung nicht ein, sondern verzeichnete auf dem Akt folgenden Beschluß, welcher sodann in das Dekret der Hofkammer vom 12. März 1792[1] überging: „Da der Staat die größtmögliche Erweiterung, und Vervielfältigung der einheimischen Industrie, und Nahrungswege zum Endzweck hat, und ihm daran gelegen seyn muß, daß der Erzeuger als die wichtigste Klasse der Unterthannen, da derselbe ohnehin meistens mittellos, und nur von einem Tag zu dem andern kümmerlich zu leben vermag, sich den möglichst schnellen, und guten Absatz seiner Producten versichern könne, und dadurch auch im Stande sey, die eingelöste Baarschaft theils zu seinem, und der seinigen Unterhalt, theils auch zur Wiedererzeugung zu verwenden, überhaupt aber auch dem verzehrenden Publikum die Mittel verschaffet werden müssen, sich seine reellen, und eingebildeten

---

[1] Sr. k. Majestät Leopold des Zweyten politische Gesetze und Verordnungen für die deutschen, böhmischen und galizischen Erbländer; IV. Band, Wien 1792; S. 67 fg.

einheimischen Bedürfnisse so wohlfeil, als möglich herbeyzuschaffen, so hat es bey der in Ansehung des Hausirens bestehenden, und auf obige richtige Grundsätze sich gründenden patental Vorschrift vom 4^(ten) Juni 1787, ohne einer neuen Publikation noch weniger aber einer anderweiten Mobification diesfalls Platz zu geben, lediglich zu bewenden."

Im Jahre 1805 wurde über Allerhöchste Entschließung neuerlich von den Länderstellen und Bankalgefällen-Verwaltungen gutächtlicher Bericht über die Frage abgefordert, ob nicht der Hausierhandel künftig in engere Grenzen einzuschränken wäre? Für die Abschaffung dieses Wanderhandels erklärten sich nun die Gubernien von Steiermark und von Kärnten und die mährisch-schlesische Bankalgefällen-Verwaltung, alle übrigen Stellen aber zu seinen Gunsten, vorbehaltlich mehrerer oder minderer Beschränkungen [1].

Die Gegner des Hausierhandels führen, was zunächst den Konsumenten betrifft, folgende Gründe an: der Landmann werde durch ihn mit verschiedenen seinem Stand nicht angemessenen Luxuswaren bekannt, die ländliche Genügsamkeit werde gestört, die Moralität untergraben. Er setzt verdorbene, schlechte und betrügliche Waren in Umlauf, drängt sie den Käufern durch Überredung auf. Infolge des sicheren Absatzes suchen und bestellen die Hausierer geflissentlich schlechte Warengattungen. Dadurch werden die Fabriken und Manufakturen verleitet, sich mit wohlfeileren, aber auch schlechteren Waren zu verlegen, wobei sie mit ihren guten, qualitätmäßigen Erzeugnissen zurückbleiben und im Auslande sowohl als im Inlande verrufen werden.

Die in Städten und Märkten etablierten Handelsleute aber, welche die bürgerlichen Steuern entrichten, den Gewölbzins zahlen, ein großes Kapital auf das Warenlager verwenden und den Handel erst verbindlich erlernen müssen, können mit den Hausierern, die weder eine Steuer entrichten, noch Auslagen auf Dienerschaft, Gewölbzins, Frachtlohn u. s. w. bestreiten, nicht konkurrieren. Die Hausierer erscheinen überdies in den Städten vor der Jahrmarktszeit häufiger, um die Einwohner von dem Ankauf der Waren auf den Märkten abzuziehen, wodurch die Konkurrenz der Käufer für die den Jahrmarkt besuchenden Handelsleute verloren geht und die Jahrmärkte in Verfall geraten.

Im allgemeinen werde durch diesen Handel der Müßiggang befördert, Gelegenheit zu Diebstählen und zur Verhehlung gestohlener Sachen gegeben, der Kredit, welchen Fabriken manchmal den Hausierern geben, mißbraucht und überhaupt die Sittenlosigkeit im Land befördert. Der Hausierhandel be-

---

[1] Hofkammerarchiv, a. a. O., Akten Z. 33 u. 46.

günstige besonders an der Grenze sowohl die Ausschwärzung des Geldes als den Schleichhandel.

Dazu komme, daß durch Erteilung der Hausierpässe den Dominien der Vorteil benommen wird, den „abwesenden Unterthan im Falle einer Rekrutenausschreibung einzuberufen". Dieser Umstand habe zur Folge, daß die Dominien vielmehr bei Kriegszeiten, wenn die Rekrutenaushebung schnell vollzogen sein muß, um ihr Kontingent zu stellen, anstatt des entbehrlichen hausierenden Burschen einen anderen, der Nationalbeschäftigung unentbehrlichen Mann wählen müssen.

Die große Menge der Hausierer entspreche auch nicht den Verhältnissen der Produktion und des Bedarfs. Die Wirtschaftsämter und Magistrate spenden mit freigebiger Hand die Zeugnisse des Wohlverhaltens auch an Unwürdige aus. Hausierpässe werden auch eingewanderten Ausländern erteilt, welche zwar in Städten des Inlands das Bürgerrecht zu erhalten wußten, ihre Familien aber im Ausland zurücklassen und diesen das erworbene Geld zusenden, so daß, wenn sie fallieren, den inländischen Handelsleuten, deren Schuldner sie sind, keine Deckung geboten ist. Viele erdreisten sich, ihren Handel mit alten, erloschenen Pässen fortzusetzen und sogar, wie vorzüglich bei Juden der Fall, mit Hausierpässen zu handeln. Die Vidierungsvorschriften werden nicht beobachtet. Unter dem Landvolk verbreiten die Hausierer unsittliche Lieder und abergläubische Gebräuche u. s. w.

Dagegen wenden die Verteidiger ein: durch den Hausierhandel könne der Landmann seine Bedürfnisse an Waren auf eine bequemere und wohlfeilere Art befriedigen; auf eine bequemere, weil die Ware von Ort zu Ort dem Käufer zugetragen wird und der Landmann nicht erst gezwungen ist, sich sie mit Zeitversäumnis und Unkosten aus der Stadt oder vom Jahrmarkt, den er oft nicht abwarten kann, zu holen; wohlfeiler, weil die Hausierer wegen des öfteren Umsatzes der Waren, der beschränkteren Lebensart und Ersparnis aller Auslagen für Niederlage, Dienerschaft, Steuern u. s. w., welche ein ordentlicher Kaufmann oder Krämer zu bestreiten hat, sich mit einem mäßigeren Gewinn begnügen. Durch Aufhebung des Hausierhandels würde den Kaufleuten und Krämern ein für das Allgemeine drückendes Monopol in die Hände gespielt werden.

Der Hausierhandel vermehre aber auch die Betriebsamkeit und unterstütze den „Kunstfleiß"; die Industrie müßte bei erschwertem oder beschränktem Absatze verlieren. Viele Waren, welche in der Appretur nicht ganz geraten sind, durch das lange Liegen an der Farbe etwas gelitten haben oder aus der Mode gekommen sind, werden durch die Hausierer abgesetzt, wovon selbst der Fabrikant und der Kaufmann unleugbare Vorteile zieht.

Unter den Hausierern gebe es viele sich wohlverhaltende Leute; eine beträchtliche Anzahl von Unterthanen ernährt sich von dieser Beschäftigung. Deren Abschaffung könnte sie zu Bettlern und dem Staate zur Last machen, besonders in den gebirgigen Gegenden, wo der Boden den zahlreichen Einwohnern die Erhaltung versagt, und wo die Erzeuger selbst sich durch den Hausierverkauf ernähren, um ihre Erzeugnisse „den Großhändlern und Fabrikanten nicht um einen drückenden Preis überlassen zu müssen".

Besonders die Juden wären in jenen Ländern, wo ihnen das Hausieren gestattet sei und von Jugend auf fast die einzige Erwerbsquelle ausmache, durch Aufhebung dieses Handels in eine verzweiflungsvolle Lage und außer Stand versetzt, ihre namhaften Steuern und Gaben zu entrichten.

Endlich liegen die aufgezählten Nachteile nicht in der Sache selbst, sondern größtenteils in Mißbräuchen, in der Nichtbefolgung bestehender Verordnungen. Dem kann durch strenge Durchführung dieser, durch Hinzufügung neuer Vorschriften abgeholfen, und der Hausierhandel solcherart unter gewissen Beschränkungen zu einer ergiebigen und wohlthätigen, den Kunstfleiß zugleich fördernden Nahrungsquelle werden.

Die Hofkammer, Finanz- und Commerz-Hofstelle trat diesen Anschauungen bei, da die gänzliche Abschaffung dieses Handels weder aus Kommerzial-, noch auch Polizei- oder Bankalrücksichten rätlich wäre. Einmal begünstige die Freiheit an sich den Handel, dann könnte die Aufhebung des Hausierhandels häufige Nahrungslosigkeit zur Folge haben. Der Mißbrauch könne nicht als Regel angenommen, und durch strenge Gesetze hintangehalten werden. Man könne auch die Unterthanen umsoweniger zu bestimmten Erwerbsthätigkeiten zwingen, als auch der Staat sie nicht entschädigt, wenn der Erfolg der erzwungenen Beschäftigung den Erwartungen nicht entspricht.

Das Patent vom 5. Mai 1811[1] führte denn auch keine neuen Principien ein. Es wurde nur zur „Abstellung der häufigen Mißbräuche und Unordnungen, welche sich bey dem Betriebe des Hausierhandels eingeschlichen haben, und zu diesem Ende zur Festsetzung einer genauen Richtschnur" erlassen. Der Hausierhandel ist nur Inländern, und zwar nur mit inländischen Waren — von denen gleichwohl eine Reihe dem Hausierer versagt bleibt — gestattet und an den Besitz des Hausierpasses geknüpft. Männer sollen solche nicht vor dem 30., Frauen nicht vor dem 20. Lebensjahre erhalten. Ihre Ausstellung lag, mit Ausnahme von Wien, den Kreisämtern

---

[1] Sr. k. Majestät Franz des Ersten politische Gesetze und Verordnungen für die österreichischen, böhmischen und galizischen Erbländer; 36. Band, Wien 1812, S. 107 fg. — Eine systematische Darstellung dieses Gesetzes bildet die Schrift: „Der Hausier-Handel in Oesterreich" von Ph. D. v. Ottenthal; Linz, 1828.

ob und erfolgte stets nur auf ein Jahr. Das Hausieren mit bespannten Wägen, desgl. mit ausländischen und mit gewissen inländischen Waren bleibt untersagt — so namentlich mit Spezereiwaren, Zuckerwerk und Chokolade. Begünstigt bleiben die Unterthanen von Gottschee und Reifnitz. Die Sonn- und Feiertagsruhe trifft auch die Hausierer. Mit dem Hofdekrete vom 18. Januar 1818 wird ihnen der Verkauf auf ordentlichen Jahrmärkten auch in Ständen und Buden gestattet, mit jenem vom 25. Mai 1820 hingegen die Verwendung von Gehilfen ausdrücklich untersagt.

Alsbald wird jedoch neuerlich die Frage erwogen, ob es rätlich sei, das System des Hausierhandels noch ferner beizubehalten oder nicht.

In einem Vortrage an den Kaiser vom 19. November 1823 hatte die Kommerzhofstelle das Princip der thunlichsten allmählichen Fixierung des unstät betriebenen Krämerhandels ausgesprochen. Hierauf erklärte der Kaiser unter dem 16. Oktober 1824, seine Gesinnung gehe dahin, „den Hausierhandel nach und nach ganz abzuschaffen, und zwar auf jene Weise, daß die Menschen, welche sich gegenwärtig damit beschäftigen, in so weit sie es vermöge der bestehenden Vorschriften rechtmäßig thun, nicht ganz nahrungslos werden"[1]. Nachdem die Kommerzhofstelle inzwischen aufgelöst worden, sollte die Hofkammer gemeinschaftlich mit der vereinten Hofkanzlei das Gutachten erstatten, wie diese Willensmeinung „in Ausübung zu bringen sei".

In der Erwägung, daß die Abschaffung des Hausierhandels notwendig eine für die erwerbs- sowie für die warenbedürftigen Volksklassen sehr fühlbare Lücke zurücklassen müßte, wenn man sie nicht mit der „Einführung einer neuen, zureichenden Ersatz versprechenden Form des Verkehres" verbände, wurde zunächst die Schaffung einer neuen Kategorie von „beweglichen Krämereien" ins Auge gefaßt[2]. Von diesem, bald verlassenen Plane ab-

---

[1] Die hier folgenden Mitteilungen gründen sich auf eine für den Gebrauch der Ämter vervielfältigte Kopie der Akten unter dem Titel: „Darstellung des Geistes der Gesetzgebung über den Hausierhandel" aus den dreißiger Jahren (Bibliothek des k. k. Finanzministeriums, XIII a, 120).

[2] Im Gegensatz zu den Hausierern sollte den zu diesem Vertrieb befugten Individuen alles Herumwandern und Ausbieten von Waren von Haus zu Haus verboten und der Verkauf nur an einer fixen Stelle im Orte gestattet werden. Indes sollten sie den Verkauf „nach ihrer Convenienz wieder verlassen" und wohin immer — eventuell bloß in Dörfer, Märkte und kleinere Städte — übersetzen dürfen. Zu diesen Krämereien, eigentlich: Wanderlagern, wären Pässe oder Befugnisse zu erteilen gewesen. Die Anregung stammte von der illyrischen Statthalterei, wurde jedoch bei den folgenden Äußerungen der Landesstellungen bloß von der dalmatinischen unterstützt. Nach der Meinung der übrigen Gubernien würden diese Krämereien

gesehen, wurden seitens der Landesverwaltungen mehrfache Vorschläge zur Ausführung des Willens des Kaisers gemacht. Der Hausierhandel in Städten, der Vertrieb von Luxusartikeln, die kein Bedürfnis für das Landvolk sind, und die Freizügigkeit der Händler von Provinz zu Provinz sollten aufgehoben werden. Neue Pässe sollten nicht mehr erteilt und die schon erteilten nur dann erneuert werden, wenn es der Nahrungsstand der Paßbesitzer streng notwendig macht. Die oberennsische Regierung schlug vor, die Hausierpässe jener, die diesen Handel nur als Nebenbeschäftigung trieben, oder die zu einem anderen Erwerbe fähig wären, nicht weiter zu erneuern, wohl aber jener, die wegen hohen Alters oder wegen Gebrechen keinen anderen Erwerbszweig ergreifen können, ausgedienten Kapitulanten, Halb- oder Realinvaliden u. s. w. Desgleichen schlugen einzelne Landesregierungen rücksichtlich bestimmter bedürftiger Gegenden Ausnahmen vor.

Auch gegen die Tendenz des Kaisers erheben sich Stimmen. Es wäre bedenklich, führen sie aus, einen so ausgebreiteten Nahrungserwerb, der übrigens dem Landbewohner zu Vorteil und Bequemlichkeit dient, versiegen zu lassen. Auch sei der Vorteil, der aus der Einstellung des Hausierhandels für eine regelmäßigere Gestaltung des Handels erhofft wird, nicht sicher. Das Hausierwesen sei ein belebendes Princip im Inlandshandel, und es sei nicht ratsam, der Regelmäßigkeit des Verkehres einen beträchtlichen Teil dieses Verkehres selbst zum Opfer zu bringen. Auch würde der von der Konkurrenz der Hausierer befreite Krämer es in den Städten und Märkten nicht unterlassen, das ihm auf diese Weise in die Hand gespielte Monopol mit Härte gegen die Konsumenten zu nützen. Endlich sei zu bedenken, daß die Judenschaft in Mähren, Galizien und auch anderwärts bisher fast ausschließlich ihre Subsistenz aus diesem Handelsbetriebe bezog. Daher genüge die Regelung des Hausierwesens, beziehungsweise die strenge Beachtung der bestehenden Vorschriften.

Diese Äußerungen wurden dem Kaiser im Jahre 1831 vorgelegt. Nachdem mit dem Kabinettschreiben vom 4. Februar 1835 die Ausarbeitung eines Gesetzes über die Behandlung der Gewerbs- und Handelsangelegenheiten angeordnet worden, wurde auch dieses Material den Bearbeitern zugewiesen.

---

nur die Unzukömmlichkeiten des Hausierhandels in noch höherem Grade hervorbringen: die Beeinträchtigung der seßhaften Händler, das Hausieren unterwegs, den Schleichhandel. Überdies würden die dermaligen Hausierer und die künftigen Wanderkrämer nicht notwendig die gleichen Individuen sein, weil der neue Betrieb mehr Kapital voraussetzen würde.

Die Klagen der seßhaften Händler wider die Hausierer hörten jedoch nicht auf. Sie richten sich an das 1848 errichtete Handelsministerium und an die seit 1849 geschaffenen Handels- und Gewerbekammern.

Das **Hausierpatent** vom 4. September 1852, R. G. Bl. 252[1], trug jedoch diesen Klagen nicht Rechnung. Es milderte sogar die Strafen für Übertretungen, erleichterte die Verwendung von Gehilfen, sowie die Freizügigkeit der Hausierer von einem Kronland in das andere. Der Hausierhandel bleibt an die besondere Bewilligung (Hausierpaß oder Hausierbüchel) der Kreisämter gebunden, welche jeweils auf ein Jahr erteilt wird. Hausieren dürfen nur Inländer, und zwar nur mit inländischen Waren. Doch auch von diesen sind viele ausgenommen. Anderseits sah das Gesetz lokale Hausierverbote für bestimmte Orte voraus (§ 10). Hierüber später. Auch die weitere Praxis war mild, eine Reihe von Verordnungen und Erlässen legte die Bestimmungen des Hausierpatentes abschwächend aus. Die Vereinigung des Hausierhandels und der Marktfierantie wurde jedoch verboten[2]. Die letztere erfuhr — gleich dem Verkaufe bestimmter Lebensmittel aus Approvisionierungsrücksichten und dem Verkauf eigener Erzeugnisse seitens kleiner Handwerker aus socialpolitischen Rücksichten — ihre Regelung in der Gewerbenovelle vom 15. März 1883, R. G. Bl. 39. Auch hiervon wird noch die Rede sein. Hier sei bloß die Hausiergesetzgebung im engeren Sinne besprochen. Zu erwähnen ist, daß über wiederholtes Begehren fremder Regierungen um Zulassung ihrer Nationalen zum Hausierhandel in Österreich im Jahre 1868 sogar eine Gesetzesreform geplant wurde[3], um „das Princip der Gewerbefreiheit auch auf diesem Gebiete durchzuführen".

Zu dieser Reform kam es jedoch nicht mehr.

Die Interessenten organisierten sich bereits zur Gegenwehr und forderten eine Revision des Gesetzes im einschränkenden Sinne; die seit 1873 ungünstigen Geschäftsverhältnisse trugen hierzu bei. 1877 kam es wieder zu einer amtlichen Umfrage, bei welcher auch die Handels- und Gewerbekammern einvernommen wurden. Die Stimmen waren geteilt. Ein „zur Berathung der das Hausierwesen betreffenden Petitionen" eingesetzter Ausschuß des Abgeordnetenhauses, dem auch die eingelangten Gutachten vorlagen, bezeichnete als von wesentlichem Belange die Fragen: ob die Verschiedenheit der Kultur-

---

[1] v. Thaa, Das Hausierwesen in Österreich. Wien, 1884 (kommentierte Zusammenstellung der bezüglichen gewerbepolitischen, Steuer-, Stempel- und Gefällsvorschriften), S. 9. — Älterer Kommentar von F. J. Schaffer, Das Hausiergesetz u. s. w., Salzburg 1859; zweite Auflage. Linz 1874.

[2] v. Thaa, S. 11 fg.

[3] v. Thaa, S. 12.

stufe der einzelnen Länder nicht verschiedene Bedürfnisse bedinge, in deren Folge es angemessen erscheine, den Hausierhandel auf bestimmte Länder zu beschränken, und ob die Hausierer nicht zu stärkeren Steuerleistungen herangezogen werden sollten. Eine Ministerialkonferenz stellte jedoch 1881 fest, daß principielle Abänderungen des Hausiergesetzes den Bedürfnissen der Mehrzahl der Länder nicht entsprechen würden[1]. Die Regierung begann jedoch den Wünschen der Kaufleute auf administrativem Wege, durch eine geänderte, strenge Auslegung des Hausierpatentes Rechnung zu tragen[2]. Außerdem wurde das Verfahren bei Übertretung der Hausiervorschriften von den Finanz- auf die politischen Behörden übertragen[3]. Bei der Schlußfassung über den bezüglichen Gesetzentwurf wurde jedoch die Regierung seitens des Abgeordnetenhauses ersucht, zu erwägen: ob nicht die mißliche Lage von Kleingewerbe und Kleinhandel und die steigende Konkurrenz des Hausierwesens bewirken sollten, daß von der im § 10 des Hausiergesetzes gegebenen Möglichkeit, einzelne Städte und Orte für den Hausierhandel gänzlich oder teilweise zu schließen, „überall da Gebrauch gemacht werden könne, wo dies von Seite der Gemeindevertretungen gefordert wird"[4]. Desgleichen wurde gewünscht, daß die Befreiung der Hausierer von den Landes- und Gemeindezuschlägen zur Erwerb- resp. Einkommensteuer überall da aufhöre, wo es die Landesvertretungen beschließen.

Die Klagen wider die sog. fliegenden Geschäfte, Auktionen, Bazare u. s. w. führten nun zur Ausarbeitung eines Gesetzentwurfes, „betreffend den Betrieb von Wandergewerben", welcher vom Handelsministerium unter dem 24. Juli 1889, Z. 26 398, den Handelskammern[5] zur Begutachtung zugemittelt wurde. Dadurch sollten 1. der Handel im Umherziehen ohne feste Verkaufsstätte zum Zweck der Aufsuchung von Kunden unter Mitführung von Waren oder von Mustern, sowie 2. die gewerblichen Verrichtungen im Umherziehen geregelt werden. Die Verschiedenartigkeit dieser vom Sprachgebrauch als „Wandergewerbe" bezeichneten Beschäftigungen ließ jedoch bald zum Plane der abgesonderten gesetzlichen Behandlung der Hausierfrage zurückkehren.

Der jüngste Hausiergesetz-Entwurf des Handelsministeriums lag der 1897er Session des österreichischen Abgeordnetenhauses[6] vor.

---

[1] v. Thaa, S. 22.
[2] Ministerialverordnung vom 23. Dezember 1881, R. G. Bl. 2 aus 1882.
[3] Gesetz vom 21. März 1883, R. G. Bl. 37.
[4] 639 der Beilagen zu den stenogr. Protokollen des Abgeordnetenhauses, IX. Session, 1883.
[5] Vgl. Beilage 2 zu den Sitzungsprotokollen der Wiener Kammer i. J. 1889.
[6] 150 der Beilagen, XIII. Session.

Die Regierung zeigte sich durch diesen Entwurf bereit, das Hausierwesen **einzuschränken** und gewisse **Klagen zu beseitigen**. Der Rechtsbestand des Hausierhandels an sich sollte jedoch gewahrt bleiben. Es wird betont, daß selbst die Linzer Handels- und Gewerbekammer, welche seit zwölf Jahren an der Spitze der Opposition gegen den Hausiererstand steht, dessen Bedeutung für dünnbevölkerte **Gebirgsgegenden**, sowie die große Bequemlichkeit anerkannt habe, welche diese Erwerbsform auch dem **Käufer** biete, „der, ohne einen Schritt aus dem Hause zu machen, die Ware mit Muße betrachten und daraus wählen kann".

Durch eine Reihe von Vorschriften will indes der Entwurf den Wünschen der seßhaften Kleinhändler gerecht werden. So durch Erhöhung des Minimalalters für die Erlangung eines Hausierbuches (von 30 auf 33 Jahre), durch die Voraussetzung eines mindestens einjährigen Wohnsitzes hierzu und durch die Vorbehaltung der Hausierbewilligung für solche Personen, welche „unbescholten, in moralischer Beziehung tadellos und vertrauenswürdig" sind. Das Hausiergewerbe soll weder mit jenem der Marktfahrerei (Marktfierantie), noch mit dem Betriebe eines auf den Vertrieb der gleichen Warengattung gerichteten stabilen Handelsgewerbes (weder in der Person noch in einer gemeinsam lebenden Familie) vereinigt werden. Die Hausierlicenz, welche seit 1852 stets für ein Jahr und für das Kronland, in dem das Ansuchen erfolgte, erteilt wurde, soll in Hinkunft auch für einen kürzeren Zeitraum und zunächst für ein kleineres Gebiet zu erteilen sein[1]. Der Hausierer soll verpflichtet werden, die mitgeführten Waren auf Verlangen behördlichen Organen vorzuweisen, er darf schulpflichtige Kinder nicht mitnehmen, seine Ware nirgends, auch auf Märkten nicht, in fester Verkaufsstätte feilbieten, fremde Wohnungen nicht ohne Erlaubnis, fremde Häuser und Höfe nicht wider ersichtliches Verbot oder nach Einbruch der Dunkelheit betreten. Die Einhaltung der örtlichen Vorschriften über die **Sonntagsruhe** wird neu eingeschärft, die Verwendung von **Gehilfen** ganz eingestellt, jene von **Lasttieren** und bespannten **Wagen** nur über Erlaubnis des Handelsministers unter gewissen im Gesetze festgestellten Voraussetzungen bewilligt, der Verkauf gegen Ratenzahlung ebenso wie die Einladung dazu und die Verteilung von Prospekten zum Verkaufe von Wertpapieren, Losen und dergl. untersagt. Ferner soll die Liste der beim Hausierer verbotenen Waren vermehrt werden. Die **Besteuerung** der Hausierer wurde bereits durch das

---

[1] In einem anderen Kronlande ist die bestätigende Vidierung einzuholen. — Seit 1878 bezw. 1879 gelten in Österreich auch die in Ungarn und in Bosnien-Herzegowina ausgestellten Hausierpässe nach erfolgter Vidierung (Gesetze vom 27. Juni 1878, R. G. Bl. 62, und vom 20. Dezember 1879, R. G. Bl. 136, Art. XV, bezw. § 11).

Gesetz über die direkten Personalsteuern vom 25. Oktober 1896, R. G. Bl. 220, geregelt. An Stelle der fixen und niedrigen Erwerbsteuersätze trat da die Besteuerung nach dem Umfange des Geschäftsbetriebes. Sie ist ganzjährig, bezw. für die Dauer der Bewilligung im vorhinein zu entrichten. Ferner sind Nachtragsbesteuerungen möglich. Auch wird im Hausiergesetz-Entwurfe die suppletorische A r r e s t s t r a f e eingeführt und die Eintragung des Straf=erkenntnisses in das Hausierbuch unter gleichzeitiger Verständigung der kompetenten Gewerbebehörde verfügt. Endlich ist von besonderem Belange, daß der Hausierhandel sowohl bei Epidemien oder Epizootien in den er=griffenen Gebieten zeitweilig eingestellt, als auch in bestimmten Orten aus gewerblichen Rücksichten völlig a u s g e s c h l o s s e n werden kann.

Bisher verordnet § 10 des geltenden Hausierpatentes, daß der Hausier=handel nicht ausgeübt werden darf, insofern er „in einzelnen Städten oder Ortschaften nicht gestattet ist". In der Zeit nach dem Hausierpatente vom 5. Mai 1811 bestand nach T h a a[1] bloß ein partielles örtliches Hausier=verbot in Österreich, nämlich für J u d e n in Prag hinsichtlich des Handels mit neuen W a r e n. Nach der Vollzugsvorschrift zum Hausierpatente von 1852[2] sollten aber dauernde Hausierverbote nur bei „ganz besonderen" Gründen ausnahmsweise verwilligt werden. Solche Verbote wurden daher bisher nur für Kurorte oder für diesen ähnlich gehaltene Orte für die Dauer der (Kur=) Saison, sowie für die L a n d e s h a u p t s t ä d t e Linz (1893), Graz (1893), Innsbruck und — bisher noch nicht in Kraft getreten[3] — Prag (1896), Klagenfurt und Salzburg (1897), endlich für Laibach (1898) erlassen[4]. In

---

[1] A. a. O., S. 10, Anm.
[2] Handls.-Min.-Erlaß vom 22. November 1852, Z. 2560, § 5.
[3] Vgl. die Monographie „Prag und Umgegend", S. 127 fg.
[4] Für die Hausierer aus den besonders begünstigten Gegenden gilt diese örtliche Sperrung einzelner Ortschaften nicht. Hausierpatent vom 4. September 1852:

„§ 17. In besonderer Berücksichtigung der Nahrungsverhältnisse einiger Gegenden werden den Bewohnern derselben besondere Vergünstigungen bezüglich des Hausirhandels mit gewissen Waaren zugestanden. Sie bestehen darin, daß in solchen Gegenden die Bewilligung zum Hausirhandel mit gewissen Waaren auch solchen Personen männlichen oder weiblichen Geschlechtes ertheilt werden kann, welche das dreißigste Jahr noch nicht erreicht, jedoch das vierundzwanzigste zurückgelegt haben und in den Vollgenuß der bürgerlichen Rechte gesetzt sind; endlich daß die von der betreffenden Kreisbehörde ... ertheilte Bewilligung für das ganze Reich, selbst mit Einschluß aller sonst ausgenommenen Orte giltig ist.

„Diese so begünstigten Personen sind:

a) Die Bewohner des bisherigen niederösterreichischen Bezirkes von Waidhofen a. d. Thaya, in Bezug auf die in diesem Bezirke erzeugten Zwirne und Bänder, sowie die Bewohner von Karlstein und der Umgebung in Bezug auf Holzuhren;

Ungarn indes werden Hausierverbote für jene größeren Städte und Märkte zugelassen, wo zahlreiche größere Geschäftslokale und Magazine die Bedürfnisse aller Art decken können. Thatsächlich schließt auch Ungarn die bedeutenderen Orte der Reihe nach vor dem Hausierer ab. Derzeit sind dort 78 Gemeinden gesperrt, darunter — mit Ausnahme Essegs — sämtliche städtische Munizipien! Und da nach Artikel XV des Zoll- und Handelsbündnisses zwischen den beiderseitigen Ländergebieten die in Ungarn erteilten Hausierbewilligungen auch in Österreich unter den für dessen eigene Angehörige bestehenden Beschränkungen nach bloßer behördlicher Vidierung Geltung haben, strömen viele in Ungarn durch die Abschließung der Städte erwerblos gewordene Hausierer über die Leitha nach den der Grenze nächstgelegenen Orten.

Nach dem Entwurfe aus 1897 kann nun der Hausierhandel in **Landeshauptstädten, in Städten mit eigenem Statut, in anderen Ortsgemeinden mit mehr als 10000 Einwohnern und in Kurorten** für alle oder für gewisse Waren, auf unbestimmte oder bestimmte Zeit untersagt werden, falls der Handelsminister einen bezüglichen Beschluß des Gemeinderates genehmigt. Allein auch im Falle der Schließung des Gemeindegebietes gegen den Hausierhandel sollen Personen, welche zu einem anderen Gewerbe unfähig sind, von der politischen Behörde im Einvernehmen mit der Gemeinde, bezw. bei Städten mit eigenem Statut von diesen selbst, auf das Weichbild des Gebietes beschränkte Hausierbewilligungen erhalten — eine Bestimmung, welche, wie es scheint, in Paris bereits in Geltung steht [1].

---

b) die Bewohner des böhmischen Erzgebirges, bezüglich der dort erzeugten Spitzen und Stickwaren;

c) die Bewohner des Pusterthales in Tyrol, namentlich jene von Defferegen, in Bezug auf Teppiche;

d) die Bewohner von Valsugana und Gröden in Tyrol, bezüglich der ihnen zugestanden gewesenen Artikel;

e) die slovakischen Drahtbinder, die Leinwandhändler aus dem Arvaer Komitate, die Händler mit gemeinen Leinen- und Baumwollwaaren von St. Georgen, St. Nikolai, St. Peter in Ungarn;

f) die Bewohner von Gottschee, Pöllant, Reifnitz in Krain, bezüglich des Handels mit Austern, Baumöl, Johannisbrod, Citronen, Datteln, Dragawein, Feigen, Granatäpfeln, Haselnüssen, Calamari, Kapern, Kastanien, Limonien, Lorbeerblättern, Mandeln, Margaranten, Muscheln, Pomeranzen, Reis, Sardellen, Schildkröten, Weinbeeren u. dgl. von ihnen bisher geführten Gegenständen."

[1] Dort sollen Hausierbewilligungen „nur an Hilfsbedürftige, arbeitsunfähige oder durch die Sorge für eine zahlreiche Familie bedrückte Personen verliehen werden, die ihren Unterhalt mit der Ausübung eines anderen Berufes nicht ge-

Eine weitere Reform wird aus Anlaß der Abänderung und Ergänzung der Gewerbeordnung geplant. Diese findet zwar nach Art. V lit. q ihres Kundmachungspatentes[1] auf den Hausierhandel keine Anwendung. § 60 setzt jedoch in Bezug auf das Feilbieten im Umherziehen folgendes fest. Absatz 1: Das Feilbieten im Umherziehen von Ort zu Ort, außer auf Märkten, und das Herumtragen und Anbieten von Waren von Haus zu Haus darf nur von den nach dem Hausiergesetze befugten Personen betrieben werden. Diese erhalten daher einen Hausierpaß. — Absatz 2 hebt diese Beschränkung aus Approvisionsrücksichten in Bezug auf das Feilhalten von Artikeln des täglichen Verbrauches (Milch, Butter, Holz, Gemüse und dergl.) auf; diese dürfen von Haus zu Haus oder auf der Straße feilgeboten werden. Die bezügliche Thätigkeit begründet ein freies Gewerbe und bedarf eines Gewerbescheines auf bloße Anmeldung hin. — Absatz 3 überläßt es endlich, aus socialpolitischen Rücksichten, der Gewerbebehörde, in ihrem Bezirke ansässigen kleineren Gewerbsleuten zu ihrem besseren Fortkommen das Feilbieten ihrer Erzeugnisse innerhalb der Gemeinde von Haus zu Haus zu gestatten. Sie besitzen bereits als Gewerbetreibende einen Gewerbeschein und bedürfen zu diesem Feilbieten nur noch eines Austragscheines.

Nach der jüngsten bezüglichen Vorlage[2] sollte nun die Feilbietung von Artikeln des täglichen Gebrauches nach § 60, 2 der Gewerbeordnung von Haus zu Haus oder auf der Straße auf jene Fälle eingeschränkt werden, „wo diese Verkaufsform ortsüblich ist", ferner sollen geistige Getränke ausdrücklich von dieser Verkaufserleichterung ausgeschlossen sein; endlich wird diese Erwerbsart überall, wo dieser Verkauf nicht durch die Urproduzenten selbst geschieht, ausdrücklich an den Besitz eines Gewerbescheines gebunden.

Zu erwähnen sind noch die Marktfahrer oder Marktfieranten; das sind Handelsleute ohne feste Betriebsstätte, welche den Warenverkauf auf Märkten in ihrem Stand besorgen und aus dem Beziehen der Märkte ein Gewerbe machen. Sie haben, § 63 G. O., ihr Gewerbe bloß anzumelden und sind von den Hausierern rechtlich streng zu scheiden.

---

winnen können, und die Zahl der Bewilligungen im Interesse des Verkehrs auf 6000 beschränkt sein". (Mataja, Die Reform der Hausiergesetzgebung; „Das Handelsmuseum". Wien 1888, I.)

[1] Kais. Patent vom 20. Dezember 1859, R. G. Bl. 227.
[2] 1355 der Beilagen zu den stenogr. Protokollen des Abgeordnetenhauses; XI. Session, 1895: Gesetzentwurf zur Abänderung und Ergänzung der Gewerbeordnung.

Von den Hausierern rechtlich zu unterscheiden sind auch die Inhaber der Handelspässe zum Warenbetrieb im Umherziehen. Diese werden nur in Tirol für den Wanderhandel mit heimischen Produkten auf Grund alter Übung ausgestellt. Sie sollen für Betriebe erteilt werden, welche entweder nicht Hausierbetriebe sind, oder welche vermöge ihres Umfanges ohne wesentliche Beeinträchtigung dem Hausierpatente nicht unterworfen werden können.

Die Übersicht über die historische Gestaltung des österreichischen Hausierrechtes ergiebt das Vorhandensein zweier widerstreitender Kräfte. Die eine, von den bürgerlichen Gewerbsleuten und Kaufleuten ausgehend, zeitweilig getragen durch die staatliche Autorität, ist auf die Unterdrückung des Hausierers gerichtet. Die zweite, nicht minder zäh und mächtig, vereitelt die Erreichung jenes Zieles. Sie wurzelt in den Hausierern und im Publikum — in den Personen, die, allen wirtschaftspolitischen Bestrebungen zum Trotz, ihren Lebensunterhalt durch den Hausierhandel gewinnen wollen und in jenen, welche diesen entgegenkommen. Diese Verhältnisse stellen schließlich der Gesetzgebung ein verändertes Ziel: die allgemeinen Hausierverbote verschwinden, Hausierordnungen treten an deren Stelle. Der Kampf jener Kräfte hört jedoch nicht auf. Sie paralysieren sich jetzt zum Teile: die Principienfrage ist auch auf dem Gebiete des Rechtes zu Gunsten des Bestandes des Hausierers entschieden; in den Details, im Ausmaße seiner Berechtigungen wogt aber der Kampf.

Um Natur und Maß dieser Kräfte in der Gegenwart zu erkennen, gilt es, an ihre Quellen vorzudringen, die wirtschaftlichen Verhältnisse zu beobachten, denen sie entspringen. Ist ihr Maß und Quell erkannt, ihre relative Bedeutung dem leidenschaftslosen Forscher klar geworden, so vermag er die Thätigkeit des Politikers zu beurteilen und zu begutachten.

2.

In Österreich ist die **Bevölkerung** von 1857—1890
  von . . . 18 225 000
  auf . . . 23 708 000
gestiegen. Die Zahl der **seßhaften Händler** wuchs von 1862—1890[1]
  von . . . 157 375
  auf . . . 310 518

---

[1] Bezüglich der 1862er Ziffern vgl. die „Tafeln zur Statistik der österr. Monarchie", Neue Folge, Bd. V, Wien 1871, — bezüglich jener von 1890 die in den nächsten Anmerkungen angegebenen Quellen.

Die Zahl der österreichischen Hausierer ist von 1862—1881 und von da ab gesondert zu betrachten. In der ersteren Epoche stieg sie

    von 12 805
    auf 22 964

Seit 1881 ist sie infolge administrativer Zurückhaltung in der Erteilung von Hausierbewilligungen im ganzen zurückgegangen.

Hausierbewilligungen wurden in Österreich

im Jahre	erteilt	verlängert	Summe
1882	4670	17 146	21 816
1883	4156	16 964	21 120
1884	3971	17 033	21 004
1885	3965	17 213	21 178
1886	2679	17 512	20 191
1887	2094	17 494	19 588
1888	1995	17 245	19 240
1889	1997	17 363	19 360
1890	1896	16 337	18 233
1891	1685	16 221	17 906
1892	2759	15 343	17 102
1893	2351	15 533	17 884
1894	2162	15 459	17 621
1895	1686	15 551	17 237
1896	1339	15 758	17 097
1897	1144	15 640	16 784

Die Tendenz der Bewegung ist jetzt auf Abnahme gerichtet. Die politischen Behörden erster Instanz haben die natürliche Neigung, armen Bittstellern Hausierpässe auszustellen; es bedarf der ständigen Kontrolle des Handelsministeriums, um sie zur Einschränkung zu veranlassen.

Diese Ziffern betreffen freilich bloß die durch österreichische Behörden legitimierten Wanderkrämer. Jene, die aus Ungarn und aus Bosnien-Herzegowina herüberkommen, sind in diesen Zahlen nicht enthalten! Ebensowenig die (tirolischen) Inhaber von Handelspässen.

Prüft man nun die Verteilung der Hausierer auf die einzelnen Kronländer, sowie auf die verschiedenen Warengattungen, so ergeben die Ziffern der 1890er Volks- und Berufszählung und der Statistik der Hausierpässe das Nachstehende.

Es zählten:

Einleitung.

Einwohner		Seßhafte Händler		Hausierpässe		% aller	Anwesende Hausierer		% aller
Galizien	6 608 000 Seelen	Böhmen	79 563	Böhmen	6909	37,89	Böhmen	4928	28,80
Böhmen	5 843 000 "	Galizien	75 843	Niederösterreich	2665	14,62	Niederösterreich	3689	24,55
Niederösterreich	2 662 000 "	Niederösterreich	69 264	Tirol u. Vorarlberg	1847	10,13	Mähren	1304	8,68
Mähren	2 277 000 "	Mähren	24 997	Mähren	1835	10,06	Steiermark	1282	8,53
Steiermark	1 283 000 "	Steiermark	10 156	Krain	1320	7,24	Galizien	1145	7,62
Tirol u. Vor-		Küstenland	10 135	Oberösterreich	1044	5,73	Schlesien	987	6,57
arlberg	980 000 "	Oberösterreich	8 904	Galizien	617	3,38	Tirol u. Vorarlberg	911	6,06
Oberösterreich	786 000 "	Tirol und Vor-		Küstenland	567	3,11	Küstenland	478	3,18
Küstenland	695 000 "	arlberg	8 832	Schlesien	514	2,82	Oberösterreich	288	1,92
Bukowina	647 000 "	Bukowina	7 205	Salzburg	248	1,36	Kärnten	240	1,60
Schlesien	606 000 "	Schlesien	5 442	Steiermark	231	1,27	Krain	171	1,14
Dalmatien	527 000 "	Kärnten	3 194	Dalmatien	195	1,07	Salzburg	148	0,98
Krain	499 000 "	Krain	2 854	Kärnten	178	0,98	Bukowina	46	0,31
Kärnten	361 000 "	Dalmatien	2 126	Bukowina	36	0,20	Dalmatien	11	0,07
Salzburg	174 000 "	Salzburg	2 003		18 233			15 028	

Die vorangehende Tabelle führt die einzelnen Kronländer auf, geordnet:
1. nach der **Einwohnerzahl**,
2. nach der Zahl der **seßhaften Händler**,
3. nach der Zahl der von ihnen **ausgegangenen Hausierer** (ausgestellten Hausierpässe),
4. nach jener der thatsächlich **anwesenden Hausierer**,

auf Grund der Volkszählung[1], der Berufszählung[2] und der Statistik der Hausierpässe[3]. Den beiden letzten Zahlenreihen sind die auf die einzelnen Länder entfallenden Prozentsätze von der Gesamtzahl der Hausierer beigefügt.

Die Zahl der in den einzelnen Ländern ausgestellten Hausierpässe entspricht der Zahl der **Hausierer österreichischer Staatsangehörigkeit**, dagegen begreift diejenige der **anwesenden Hausierer alle Hausierer** in sich, welche bei der Volks- und Berufszählung von 1890 sich thatsächlich in Österreich aufhielten, somit auch Ungarn und Bosniaken. Es ist nun allerdings eine auffallende Erscheinung, daß die letztere Zahl wesentlich kleiner ist als die erstere. Da in Ungarn fast alle größeren Städte für den Hausierhandel gesperrt sind und die Klage über das hierdurch hervorgerufene Einströmen ungarischer Hausierer in die österreichische Reichshälfte eine ständige ist, sollte man eher das Gegenteil erwarten. Die Zahlen der Volks- und Berufszählung über die ortsanwesenden Hausierer dürften eben **falsch** sein. Zu dieser Annahme verleitet auch die Erwägung, daß ja die statistische Erfassung der Wanderbevölkerung an sich eine der schwierigsten Aufgaben der Volkszählung ist, und daß in dieser Richtung auch die österreichische Volkszählung keine Ausnahme macht[4].

In der folgenden zweiten Tabelle sind die Kronländer in jener Reihenfolge angeführt, welche sich aus der **Dichtigkeit der Bevölkerung** und aus der auf je 10 000 Einwohner reduzierten Zahl der **seßhaften Händler**, ausgestellten **Hausierpässe** und **ortsanwesenden Hausierer** ergiebt.

Es zählten:

---

[1] Österreichische Statistik, Band XXXII. Wien 1895.
[2] Ebendort, Band XXXIII.
[3] Hausiergesetzentwurf aus 1897, S. 36 fg.
[4] Vgl. über die Unzuverlässigkeit der österreichischen Berufszählung in Bezug auf gewerbliche Verhältnisse **Riedl**, Die deutschen Gewerbezählungen und die Reform der Gewerbestatistik. Wien 1898, S. 118 fg.

Einleitung.

Einwohner auf einen Quadrat-Kilometer		Seßhafte Händler		Ausgestellte Hausierpässe auf 10 000 Einwohner		Anwesende Hausierer	
Niederösterreich	134 Seelen	in Niederösterreich	260	Krain	26,4	Schlesien	16 %
Schlesien	118 "	im Küstenland	146	Tirol und Vorarlberg	20,9	Niederösterreich	14 %
Böhmen	113 "	in Böhmen	136	Salzburg	14,2	Steiermark	10 %
Mähren	102 "	" Galizien	115	Oberösterreich	13,2	Tirol und Vorarlberg	9,8 %
Küstenland	87 "	" Salzburg	115	Böhmen	11,8	Salzburg	9 %
Galizien	84 "	" Oberösterreich	113	Niederösterreich	10,0	Küstenland	7 %
Oberösterreich	66 "	" Bukowina	111	Schlesien	8,4	Böhmen	7 %
Bukowina	62 "	" Mähren	110	Küstenland	8,1	Mähren	8 %
Steiermark	57 "	" Tirol und Vorarlberg	95	Mähren	8,0	Kärnten	6 %
Krain	50 "	" Schlesien	90	Kärnten	4,9	Oberösterreich	3,6 %
Dalmatien	41 "	" Kärnten	88	Dalmatien	3,7	Krain	3 %
Kärnten	35 "	" Steiermark	79	Steiermark	1,8	Galizien	2 %
Tirol und Vorarlberg	32 "	" Krain	57	Galizien	0,9	Bukowina	0,7 %
Salzburg	24 "	" Dalmatien	40	Bukowina	0,5	Dalmatien	0,2 %

Interessant ist, daß — die Richtigkeit der statistischen Grundzahlen vorausgesetzt — die Zahl der Hausierer keineswegs mit der Bevölkerung wächst.

Sie dürfte viel eher mit der **Dichtigkeit** und der **Konsumkraft** der Bevölkerung in Beziehung stehen, obwohl auch diese Momente nicht allein ausschlaggebend sind, denn dann müßte die Zahl der Händler und der Hausierer eine parallele Entwicklung nehmen. Oft geht diese Entwicklung thatsächlich parallel, oft ergänzen sich aber ihre Ziffern.

Es spielt eben auch das **Herkommen** eine ausschlaggebende Rolle, wie dies die vorliegenden Monographien bestätigen. Galizien mit der Übung des Markteinkaufes[1], Triest, wo im Gegensatz dazu bis „auf Zucker, Salz, Mehl, Fleisch" mit allen Lebensmitteln hausiert wird[2], bilden die beiden Extreme in dieser Hinsicht[3].

Die Zahl der in Österreich ausgestellten Hausierscheine nimmt zwar ab, die der Vidierungen wächst aber. Während die ersteren von 1882—1897 von 4670 auf 1144 gesunken sind, nimmt die Zahl der Vidierungen der

---

[1] S. 275 dieses Bandes.
[2] S. 322.
[3] Sonderbarerweise wurde in den zwanziger Jahren gerade seitens der galizischen Landesbehörde auf Grund der eigentlichen Verhältnisse dieses Landes gegen die gänzliche Beseitigung des Hausierhandels geeifert! Dort lebe der größte Teil der Bevölkerung vom Grundbesitze, zu dessen Bestellung die Anwesenheit des Besitzers und seiner Gehilfen notwendig sei. Dieses Verhältnis trete nicht bloß bei den unterthänigen Grundholden, sondern auch bei den Besitzern adeliger Güter ein, weil der Adel nicht in den Städten, sondern auf dem Lande lebe. Die Zahl der Städte und Märkte sei in Galizien noch sehr klein, noch kleiner und geringer aber die dortige gewerbliche Betriebsamkeit. Unter solchen Verhältnissen erscheine nun das Geschäft der Hausierer als ein wahres Bedürfnis, dessen Abstellung eine gänzliche Umgestaltung der Erwerbsverhältnisse des Landes voraussetze, wenn nicht der Güterbesitzer gezwungen sein soll, wegen des unbedeutenden Bedarfes an Industrialwaren Reisen zu unternehmen und die Leitung des Wirtschaftsbetriebes fremden Händen anzuvertrauen. Der Hausierer bringe mit seinen Waren in die abgelegenste Hütte des Landmannes, lehre ihm den Gebrauch unbekannter Gegenstände; und ermuntere ihn dadurch, Ersparnisse, die sonst in den Schänken vergeudet würden, zu nützlichen Zwecken zu verwenden. Die im Lande gehaltenen Jahrmärkte, so zahlreich sie auch seien, würden den Mangel der Hausierer nicht ersetzen, weil sie nicht gleichmäßig über das ganze Land verteilt werden können, und weil sie größtenteils auf Trinkgelage und auf Absatz von Getränken berechnet seien („Darstellung des Geistes der Gesetzgebung über den Hausierhandel").

politischen Behörden[1] beständig zu und wächst von 64 300 im Jahre 1882 auf 87 680 im Jahre 1897.

Diese Thatsache kann drei Gründe haben: entweder wird die Statistik successive erheblich genauer, — oder sie ist im ganzen verläßlich, und die Ergiebigkeit des Hausierhandels nimmt ab, die Regsamkeit der Hausierer hingegen zu, oder aber — die Zahl der ungarischen und bosnischen Hausierer vermehrt sich. Die persönliche Beobachtung wird wohl die letztere Thatsache bestätigen. Die Zahl der ungarischen Ortschaften, welche gegen die Hausierer gesperrt sind, nimmt ständig zu; Wien[2] und Niederösterreich[3], Prag[4] und Nordböhmen[5], zum Teil auch Steiermark[6] klagen über den Zufluß der Hausierer von jenseits der Leitha.

Der Streit um den Hausierer — auch das zeigt die mitgeteilte Geschichte des Hausierrechtes — ist ein Kampf der durch seine Thätigkeit berührten Interessen. Fünf Gruppen solcher kommen in Betracht: Interessen der Erzeuger, der Kaufleute, der Verbraucher, der Hausierer selbst, des Staates.

Abgesehen davon, daß das Interesse der Mehrheit der Bevölkerung als das Interesse des Staates selbst zu gelten hat, ist dieser an der Hausierfrage als Förderer der heimischen Volkswirtschaft, als Wahrer der Ordnung und als Steuereinnehmer beteiligt.

Von den Erzeugern kamen ehedem die Gewerbetreibenden in zweifacher Hinsicht in Betracht. Einmal wurden sie gegen die Schmälerung ihres Absatzes durch Berufshausierer geschützt — dieser Gedanke durchzieht die ganze ältere Gesetzgebung; anderseits wird aber das Interesse anerkannt, das sie gegebenenfalls haben, ihre Waren selbst hausierend abzusetzen[7].

---

[1] Nach § 9 des Hausierpatentes ist die Bewilligung zum Hausierhandel ursprünglich auf jenes Kronland beschränkt, in welchem sie erteilt worden ist. Will der Hausierer seinen Betrieb in einem anderen Kronlande fortsetzen, hat er dort eine kreisämtliche Visierung des Passes zu erlangen, wodurch ihm die Hausierbewilligung für das ganze Kronland zu teil wird. Nach § 13 hat der Hausierer principiell in jeder Ortschaft, die er betritt, ein Ortsvisum einzuholen, ob er nun daselbst hausieren oder nur durchziehen will. Dieses polizeiliche Visum begründet keine Berechtigung und wird von der im Ort befindlichen landesfürstlichen, polizeilichen oder politischen oder, in Ermangelung solcher, vom Gemeindebeamten vorgenommen. (Siehe die genauen Vorschriften bei Thaa, S. 49.)

[2] S. 34.
[3] S. 32.
[4] S. 144 und 183.
[5] S. 248.
[6] S. 51.
[7] Verordnung Leopold II. und Privilegien der begünstigten Produktionsgebiete.

Die seßhaften Händler erscheinen nur als durch die Hausierer geschädigt.

Die Verbraucher sollen einerseits gegen Benachteiligungen beim Warenkauf[1], anderseits vor dem Eindringen von Gesindel in die Wohnungen gesichert werden[2].

Die Hausierer selbst finden Rücksicht, soweit sie Erzeuger sind, welche ihre Produkte rasch und gut absetzen sollen[3], im besonderen als Produzenten begünstigter Gebiete — ferner als Berufshausierer, sofern sie Einwohner bedürftiger Gegenden sind, denen die Hausierbefugnis die Existenz erleichtert[4]. Die neuere Gesetzgebung schützt endlich den Berufshausierer an sich, indem „jedermann gestattet werde, seinen Nahrungsverdienst auf was immer für eine erlaubte Art zu suchen[5]."

Als Wirtschaftspolitiker haben wir die heute in Frage kommenden Interessen zu prüfen, aber auch ihr gegenseitiges Gewicht ins Auge zu fassen.

Die Bedeutung der Hausierer für Produktion und Verbrauch liegt zunächst in ihrer absatzmehrenden Funktion.

„Der Hausierer sucht sein Publikum auf, während der seßhafte Händler auf das Publikum wartet;" „durch das Anbieten und Anpreisen der Ware werden Bedürfnisse geweckt, die zu einem Kaufe im Laden wegen der allgemeinen ‚Ladenscheu' der ärmeren Bevölkerungskreise nur in seltenen Fällen geführt hätten"; der industrielle Arbeiter wie der Bauer verlieren durch den Gang zum Kaufmanne eine für sie kostbare Zeit, den Bauer kostet der oft weite Gang zum Kaufmanne in abgelegenen Gegenden auch eine Wegzehrung, sie machen daher den Weg nicht gern. Der Hausierer aber giebt „den Leuten zum Kaufen Gelegenheit", überredet den Konsumenten, ist aufbringlich, kreditiert, vermittelt Gelegenheitskäufe, „findet aus Laune, auch aus Mitleid Abnehmer"[6]. Der Zusammenfluß von Menschen: zu Märkten, Wallfahrten, periodischen Lohnzahlungsterminen (beim Bergbau) ruft einen Zuzug von wandernden Händlern hervor, welche sich bei dieser Gelegenheit einen Absatz zu schaffen trachten.

---

[1] Petition der Städte und Märkte an Karl VI.
[2] Verordnung Karl VI.
[3] Patent Leopold II.
[4] Hausierordnung von 1785.
[5] Hofentschließung Josef II. aus 1783.
[6] S. 22. 252. 77. 72. 191.

Diese der Betriebsform des Hausierers eigentümliche **absatzmehrende Eigenschaft** hat zur Folge, daß auch Erzeuger und Händler sich seiner bedienen. Abgesehen vom kleinen Gewerbsmanne, den schon das citierte Leopoldinische Patent (1792) im Auge hat, welcher seine eigenen Erzeugnisse verhausiert, und jenem, der kommissionsweise oder nach Ankauf die Waren seiner (tirolischen, böhmischen, galizischen) Dorfgenossen mit sich nimmt, liefern auch **Fabriken** wie **Händler** direkt an Hausierer, die in näherer Beziehung zu ihnen stehen.

Der Hausierer ist das billigste und bequemste Vertriebsorgan für Erzeuger: Fabriken, Manufakturen oder größere Meister[1]; aber auch Kaufleute bedienen sich seiner, um ihre Ladenhüter anzubringen[2].

Was nun die **Morphologie** des heutigen Hausierwesens betrifft, ist folgendes zu sagen.

Der typische Hausierer, wie er in der allgemeinen Vorstellung lebt, ist ein **Händler**, und zwar ein Händler auf eigene Rechnung. Diese Gattung Hausierer wiegt auch thatsächlich am häufigsten vor.

Wie eine der Monographien[3] hübsch ausführt, ist es nur ein verhältnismäßig geringer Teil der Wanderhändler, welcher selbstgefertigte Erzeugnisse und solche seiner Angehörigen verkauft. Zum überwiegenden Teile ist der Hausierer **Zwischenhändler**, welcher — von Fabriken, Handwerkern, Hausindustriellen oder Geschäftsleuten — **kauft**, um **kleinweis zu vertreiben**.

Allein in zahlreichen Fällen kauft und verkauft bereits dieser Händler nicht auf eigene Rechnung: er ist vielfach Wanderverschleißer eines Geschäftshauses; der seßhafte Händler hat sich diese Organisation angegliedert, um ihre absatzmehrenden Vorteile zu erringen.

Endlich ist oft der reine Agentencharakter des Hausierers deutlich ausgeprägt, „indem er Bestellungen auf solche Waren übernimmt, die er unter seinen Hausiergegenständen gar nicht mitführt, und welche er erst beim Händler holen und dem Käufer zutragen muß[4]".

Der Hausierer als Zwischenhändler ist sonach Händler auf eigene Rechnung oder Lohnhausierer. Wir hören in Niederösterreich vom Hausierhandel der großen Geschäftshäuser in der Textilbranche[5] und von

---

[1] S. 16. 17; vgl. S. 31.
[2] S. 25. 27. 63. 321.
[3] S. 241.
[4] Nordböhmen, S. 241, Steiermark, S. 77.
[5] S. 20 u. 21.

Geschirrniederlagen¹; in Wien lassen „nicht wenige seßhafte Händler selbst" Blumen verhausieren²; auch in Steiermark erscheint der Hausierhandel „als eine Form, in der der stabile Händler Absatz sucht". Es giebt da „Hausierunternehmer, die eine größere Zahl von Hausierern in Lohn haben³". Abgesehen von den Lohnhausierern, welche Organe der Ladenhändler sind — mögen sie nun formell (durch Angehörigkeit zum genossenschaftlichen Gehilfenausschusse und zur obligatorischen Krankenkasse für Hilfsarbeiter) als Gehilfen erscheinen oder nicht — giebt es noch andere Hausierorganisationen. Diese beruhen auf einer mehr oder minder losen genossenschaftlichen Organisation. Von ihnen wird später noch die Rede sein.

Die Lohnhausiererei scheint örtlich zurückzugehen. So meldet ein Berichterstatter bezüglich des Schnittwarenhandels in Prag: „Lohnhausiererei kommt jetzt nicht mehr vor." Früher hatten diese Hausierer „eine Art Tantiemenlohn", bestimmte Prozente der ihnen festgesetzten Preise⁴. Anderwärts, und zwar nicht auf große Entfernung von Prag, in Nordböhmen, ist hinwieder gerade „insbesondere der Schnittwarenhausierer" Kommissionsorgan eines Anderen, der ihm am Morgen oder zu Beginn der Woche Waren anvertraut. Im Falle ihres Verkaufes erhält der Eigentümer einen voraus vereinbarten Preis; der darüber hinausgehende Gewinn gehört dem Hausierer⁵. Sonach gäbe es also zweierlei Lohnhausierer: einen Provisionshausierer und einen Kommissionshausierer mit veränderlichem Gewinnanteil; es scheint aber auch Lohnhausierer zu geben, welche (ungarische Slovaken, wohl auch die italienischen Gipsfigurenhändler) „den ganzen Erlös abführen müssen⁶". Diese reine Lohnhausiererei dürfte sich auf die Austräger der noch zu besprechenden Hausierorganisationen auf genossenschaftsähnlicher Grundlage beschränken; in allen anderen Fällen dürften wohl die Lohnhausierer selbst im Falle irgend eines festen Bezuges in die beiden Kategorien des Provisionshausierers oder jenes mit veränderlichem Anteil am Erlös fallen. Aber auch Verbindungen dieser beiden Formen sind möglich: in Galizien erhalten Lohnhausierer vertragsmäßig den Erlös, welcher die „konsignierten Preise" der übernommenen Waren übersteigt und überdies eine (je nach der Ware schwankende) Provision von 5—10 Prozent⁷.

Der hausierende Kleingewerbetreibende, welcher Waren anderer mitnimmt, dürfte mitunter das Hausieren gegen einen Anteil besorgen, indem er den

---

¹ S. 13.
² S. 25.
³ S. 63.
⁴ S. 134; vgl. 192.

⁵ S. 241.
⁶ S. 146.
⁷ S. 280.

Erlös über einen gewissen Betrag hinaus lukriert. Solche Kommissionshausierer stehen — zum Unterschiede von den Lohnhausierern — in keinem Abhängigkeitsverhältnisse zu ihrem Lieferanten (hier dem Erzeuger der Waren); vielmehr ist die gewöhnliche Entwicklung die, daß diese über kurz oder lang von den Vertriebsorganen in Abhängigkeit geraten[1]. Ein derartiger hausierender Erzeuger würde sich vom hausierenden Zwischenhändler auf eigene Rechnung dadurch unterscheiden, daß dieser die zu verkaufenden Waren — vom allfälligen, ausnahmsweisen Austausch unverkauft gebliebener Stücke abgesehen — fest kauft, das heißt einen Kaufpreis zahlt, anstatt einen Erlös abzuführen, das Verkaufsrisiko selbst trägt und seinen Gewinn als selbständiger Unternehmer einstreicht.

Doch kann ebenso der hausierende Erzeuger die Waren seiner Dorfgenossen fest kaufen, ob er nun den Kaufpreis gleich oder erst nach seiner Heimkehr erlegt[2].

Zwischen dem Erzeuger und dem Hausierer schiebt sich oft ein **Zwischenglied** ein: der Verleger, wenn es sich um hausindustrielle, der Händler, wenn es sich um Fabrikswaren handelt.

Diese Händler sind mitunter selbst Hausierunternehmer, welche ihre Organe, die Lohnhausierer, aus eigenem Interesse aussenden. So galizische Zwischenhändler, welche christliche Hausierer mit ausländischen Seidenstoffen über Land schicken[3]. Auch der Wiener Bericht erwähnt eine „große Hausierunternehmung" der Korbwarenbranche, welche stabile Magazine besitzt und 10—20 Hausierer „beschäftigt[4]". Ähnlich bei Böttcherartikeln: „Der Unternehmer übernimmt die Ware (am Bahnhofe) und übergiebt sie den Hausierern[5]". Hier schiebt sich der Zwischenunternehmer zwischen dem Verleger des flachen Landes und städtischen Hausierern ein.

Am häufigsten steht jedoch der Hausierer einem Zwischenhändler selbständig gegenüber; dieser kauft die Waren vom Erzeuger (Spielzeuge)[6] oder bezieht im Großen Ausschußwaren aus einer Fabrik oder aus Konkurs- und Liquidationsmassen und von Havarien[7].

---

[1] Vgl. Schwiebland, Kleingewerbe und Hausindustrie in Österreich, Leipzig 1894, Bd. I, S. 53 fg.
[2] S. 279.
[3] S. 279.
[4] S. 14.
[5] S. 15. Vgl. die bereits citierten Stellen S. 21 und 63.
[6] S. 17.
[7] S. 12. 18. 62. 334.

Eine andere Unterscheidung ist die der Hausierer mit einem **festen Ausgangspunkt**, welcher ihr Domizil und zugleich ihr Hausiergebiet ist oder, falls ihr Bestreichungsgebiet größer oder entfernter ist, doch ständig ihr Domizil bleibt, — und jenen, die „wirklich wandern." Der erstere „seßhafte Hausierer", wie ihn der Referent über Steiermark bezeichnet, „zieht täglich aus, um jeden Abend wieder heimzukehren, oder er zieht auf drei bis vier Tage oder auf eine Woche, seltener auf mehrere Wochen aus." Sein Bestreichungsgebiet, das oft eng ist, sucht er mit der Eisenbahn auf; auch macht er bestimmte Routen.

Anders der „wirklich wandernde Hausierer". Dieser verläßt seinen Wohnsitz auf Monate, oft auf Jahre und durchzieht das ganze Land. Denselben Ort sucht er meist nur einmal im Jahre auf[1]. Dieser Kategorie gehören die Hausierer aus den begünstigten Gebieten zumeist an. Oft bleiben diese aber auch, fern der Heimat, an einem festen Punkte, an dem sie ihr Gewerbe üben, so die Krainer Gottscheer, die Bosnischen Pfeifen- und Stockhändler oder die italienischen Gipsfigurenmacher und Gefroreneshändler in Wien.

Sie ziehen oft in Scharen nach demselben Orte und vereinigen sich dort. Die Lebensführung der Gottscheer in Wien, welche als Landsleute im engsten Sinne in der Fremde zusammenhalten und selbst gemeinsam wohnen, hat der Referent für Krain an den Kastanienbratern — welche freilich keine Hausierer sind — anschaulich geschildert[2]. Doch nicht bloß die Gottscheer, auch die ungarischen Slowaken und die Istrianer Italiener leben so in der Ferne[3].

Wie der slowakische pán das Hausiergebiet mit Lehrlingen bezieht, so auch der italienische padrone (bei den Wiener italienischen Figurini — Gipsfigurenverschleißern, nach ihrem Hausierruf „Figurini!" italienisch bezeichnet — und bei den Triester hausierenden Zuckerwarenerzeugern[4]). Ihr patriarchalischer Haushalt unterscheidet sich von dem genossenschaftlichen Hausen der erwachsenen Südfrüchtenhändler aus der Gottschee[5].

Was nun die vertriebenen Waren betrifft, sind diese in Wien zumeist Textil-, Kurz-, Galanterie-, Blech- und Eisenwaren, Bekleidungsgegenstände,

---

[1] S. 58 fg.
[2] S. 103 fg.
[3] S. 110. 144. 149. 171.
[4] S. 334.
[5] S. 100.

Schreibrequisiten, Spielzeuge und Südfrüchte[1]. Die in diesem Bande angeführten statistischen Ausweise der politischen Behörden[2] sind zu ungleichartig angelegt, um die rücksichtlich der einzelnen Provinzen gesammelten Angaben untereinander zu vergleichen. Nach dem offiziellen Ausweise über die im Jahre 1890 in Österreich ausgestellten Hausierbewilligungen nach Ländern und Warengattungen[3] entfielen in diesem Jahre im ganzen

a) auf Nahrungs- und Genußmittel insgesamt . . 727
b) auf industrielle und gewerbliche Erzeugnisse . 17 506

Summe 18 233

Von den Hausierern der zweiten Art führten vornehmlich

Leinen-, Woll-, Baumwollwaren und Zwirn . . .	5827
Andere Schnittwaren.	2047
Kurz- und Galanteriewaren.	3079
Wäsche und Bekleidungsartikel	807
Schuh- und Lederwaren.	285
Metallwaren	473
Thon- und Porzellanwaren	355
Glaswaren	198
Holzwaren und Geflechte	447
Papier-, Schreib- und Zeichenrequisiten	81
Spitzen	560
Draht- und Klempnerwaren	54
Wachswaren und Seifen	156
Bürstenbinder- und Seilerwaren	112
Diverse andere Waren (Teppiche, Spiel- und Nürnbergerwaren, musikalische und optische Instrumente, Regenschirme, Zündhölzchen, Wagenschmiere u. s. w.)	3025

17 506

Von je 100 Hausierern entfielen in den einzelnen Kronländern auf die verschiedenen Warenkategorien:

---

[1] S. 9.
[2] S. 54 fg. 57. 120 fg. 228. 262.
[3] Hausiergesetzentwurf aus 1897, 150 der Beilagen zu den Protokollen des Abgeordnetenhauses, S. 38 fg.

Gewerbliche und Industrie-Artikel	Niederösterreich	Oberösterreich	Salzburg	Steiermark	Kärnten	Krain	Küstenland	Tirol u. Vorarlberg	Böhmen	Mähren	Schlesien	Galizien	Bukowina	Dalmatien
A. Leinen-, Woll-, Baumwollwaren und Zwirn	30,17	31,61	14,11	9,09	1,68	6,59	63,49	11,58	45,81	28,50	48,44	5,19	2,78	—
Andere Schnittwaren	5,89	15,13	22,18	21,64	19,10	—	3,70	7,31	12,49	17,00	10,31	6,97	38,89	76,92
Kurz- und Galanteriewaren	21,69	12,83	21,77	28,14	21,91	55,91	10,58	12,17	10,16	13,68	12,65	19,94	36,11	14,87
Wäsche- und Bekleidungsartikel	11,22	6,42	5,24	10,39	1,12	0,38	0,35	0,53	4,05	3,05	8,95	—	2,78	1,03
Schuh- und Lederwaren	3,23	1,53	2,01	3,03	4,49	0,23	0,53	0,27	1,06	3,11	4,08	—	2,78	—
Metallwaren	5,40	7,18	0,81	5,62	10,11	0,61	1,23	1,17	1,98	2,02	0,97	—	—	2,56
Thon- und Porzellanwaren	1,01	7,76	2,82	4,33	0,56	0,61	0,53	1,49	2,08	1,96	0,78	—	—	3,08
Glaswaren	3,11	2,39	3,63	2,16	3,37	—	1,06	0,16	0,65	0,60	0,78	—	2,78	—
Holzwaren und -Geflechte	0,53	3,06	3,22	0,86	1,68	5,07	3,35	0,37	1,39	10,30	1,56	—	—	1,03
Papier-, Schreib- und Zeichenrequisiten	1,16	—	—	0,43	—	—	0,70	0,11	0,51	0,43	—	—	—	—
Spitzen	0,49	0,38	14,11	1,29	—	0,30	1,23	0,27	6,96	0,38	—	—	—	0,51
Musikinstrumente	—	—	—	—	—	—	—	—	0,17	0,11	—	—	—	—
Drahtwaren (Klempnerwaren)	—	1,24	2,82	—	19,10	0,08	—	0,53	—	0,16	—	—	—	—
Wachswaren und Seifen	3,53	—	—	—	—	—	—	—	0,69	—	—	—	—	—
Bürstenbinder- u. Seilerwaren	2,93	0,86	4,43	6,49	8,98	19,17	4,58	59,76	0,27	0,38	2,92	67,26	5,55	—
Diverse Artikel	8,29	7,57	2,82	6,49	7,86	11,06	8,64	4,27	9,21	11,01	8,56	0,65	8,33	—
B. Nahrungs- und Genußmittel	1,35	2,01	—	—	—	—	—	—	2,52	7,30	—	—	—	—
	100,00	99,97	99,97	99,96	99,96	100,01	99,97	99,99	100,00	99,99	100,00	100,01	100,00	100,00

Welches sind nun die **Erzeuger** dieser Waren?

Sie rekrutieren sich aus allen Formen gewerblicher Produktionsorganisation; sogar die primitivste, der **häusliche Gewerbefleiß** des Bauern, der die meisten Nutzdienstlichkeiten seines Gebrauches im eigenen Hause herstellen läßt, ist am Hausierwesen beteiligt. Die Hausierer mit Waren dieser Erzeugungsorganisation können selbst **Erzeuger** sein, welche von ihnen oder von Angehörigen oder Dorfgenossen angefertigte Waren hausierend vertreiben — solche erwähnt der Bericht über Steiermark[1], man trifft sie aber auch in Bosnien[2] — oder **Händler**, welche die Waren aufkaufen[3].

Die historisch zweitnächste Betriebsform[4], jene des **Lohnwerkes**, welche fremde Rohstoffe (des Bestellers) bearbeitet, ist oft durch den wandernden Gewerbetreibenden vertreten. Er ist kein Hausierer, sondern Gewerbsmann, an sich mit dem Hausierer noch weniger verwandt, als die eben erwähnte Form hausierender Erzeuger. Er kann als Handwerker, welcher seine Leistungen anbietet, mit dem Hausierer nur insoweit zusammen genannt werden, als man beide Beschäftigungsarten, jenes Gewerbe und diesen Handel, etwa gemeinsam als Wandergewerbe bezeichnet[5]. Diese Wander- oder Störhandwerker sind in diesem Bande vielfach und anschaulich geschildert, sowohl auf dem Lande[6] als in der Stadt[7]. Freilich führen wandernde Gewerbsleute mitunter auch selbsterzeugte oder ausgebesserte Waren zum Verkaufe mit, so Drahtbinder und Schirmmacher[8]!

Die uns mehr interessierende weitere Produktionsform, das **Handwerk**, ist in zweifacher Form zu beachten: als **städtisches Kleingewerbe**, das für den lokalen Markt oder für den Absatz in der Ferne produziert, und als handwerksmäßige Erzeugung des offenen **Landes**. Hier erscheint es als Betrieb eines vereinzelten Handwerkers oder als in der Gegend allgemein übliches (lokal-traditionelles) Handwerk, von dem die Mehrzahl oder doch ein erheblicher Teil der Bevölkerung abhängt. Diese noch zu wenig

---

[1] S. 47. Vgl. mein angeführtes Buch, S. 21.
[2] Ebenda, S. 29 fg.
[3] Ebenda, S. 21, 30 und 55 fg.
[4] Bücher, Gewerbe, im Handwörterbuch der Staatswissenschaften, sowie in seinem Buche „Die Entstehung der Volkswirtschaft", 2. Auflage 1898, S. 127 fg.
[5] Handwörterbuch der Staatswissenschaften VI, S. 588 fg.
[6] S. 37, Anm. 1 und S. 49.
[7] S. 148. 173. 325 fg.
[8] S. 61. 326 fg.

beachtete Betriebsform[1] ist für die wirtschaftliche Verfassung osteuropäischer Länder und für die Entwicklung der interlokalen Arbeitsteilung sehr bedeutsam.

Handwerker des Landes verhausieren nun gleichfalls selbst ihre Waren[2] oder geben sie Gewerbsgenossen mit oder an Aufkäufer und Hausierer ab[3].

Während der Handwerker als solcher vorwiegend selbstgekaufte Rohstoffe bearbeitet, um das fertige Erzeugnis selbständig zu veräußern, setzt der **Hausindustrielle** (Verlagsarbeiter) seine kleingewerblichen Erzeugnisse an Unternehmer ab, welche den Vertrieb dieser Waren berufsmäßig besorgen. Zum Unterschied von den auflaufenden Hausierern sind diese Vertriebsorgane den Erzeugern nicht gleichgestellt, sondern vielmehr die letzteren von ihnen abhängig. Manche drücken das so aus, der Verleger habe eine gewisse „leitende Stellung" dem Verlagsarbeiter gegenüber inne, allein diese Stellung ist keine unmittelbar technische Betriebsleitung. Diese steht beim „verlegten" Meister.

Verleger scheinen am Hausierhandel sehr häufig interessiert zu sein. Hausindustrielle Korbflechtwaren, Drechslerartikel aller Art, Stoffe sowie Wäsche, Kleider und Spitzen, Draht- und Messerwaren stammen aus städtischen wie ländlichen Hausindustrien[4].

Interessant ist, daß Hausierer auch selbst Verleger sind, sowie, daß Verleger auch Lohnhausierer halten[5].

Die **Manufaktur** und **Fabrik**, welche gewerbliche Erzeugnisse in großen Mengen unter Anwendung von Arbeitsteilung und von Maschinenkraft für den großen Markt herstellen, sind gleichfalls lebhaft am Hausierwesen beteiligt. So die Spielwarenindustrie[6], die Kanditenerzeugung[7], die Kammerzeugung, die Geschirr- und Glasfabrikation und das ganze große Gebiet der Textilindustrie.

Manufakturen werden auch in Civilstrafhäusern und Garnisonsarresten eingerichtet. Dies wird bezüglich Schuh-, Taschner-, Korb- und Holzwaren, sowie optischer Artikel erwähnt[8]. Die erfahrungsgemäß geringe Qualität der

---

[1] Vgl. mein genanntes Buch, S. 44. In Bezug auf die Schuhmacherdörfer vgl. die Monographie „Schlesien", S. 265.
[2] Monographie „Prag", S. 168, „Galizien", S. 281.
[3] S. 265.
[4] S. 14. 16. 327. 20. 280. 62. 135. 191. 151. 169.
[5] S. 280.
[6] S. 17.
[7] S. 12. 170. 61. 332. 16. 20. 62. 130 fg. 27.
[8] S. 17, 14, 15, 18, 61.

Probukte biefer unfreien Arbeit macht ihre Eignung für ben Haufiervertrieb von vornherein ebenfo wahrfcheinlich, wie ihr niedriger Preis.

Die geringe Qualität der Haufierware bildet ja gerade einen der ftändigen Anwürfe, welche gegen ben Haufierhandel erhoben werden. Die Berechtigung biefes Vorwurfes beftätigen die Erhebungen biefes Banbes vollauf. Wir hören von „im Haufierwege vertriebenen Teppichen fehr fraglicher Qualität .... aus faft wertlofem Materiale", von Tuch= waren „meift fchlechter Qualität", von verlegenen Frauenkleidungsftüden, von fchlechten Spänglerwaren, von fehlerhaften und fchlechten optifchen Waren, von ordinären Kanditen und minderem Gefrorenem[1]. Für bie gute Qualität der Haufierware wird nur ganz vereinzelt eine Lanze ein= gelegt[2].

Demgegenüber ift aber zu beachten, baß die Wohlfeilheit der Waren des Haufierers diefelben feinem Käuferkreife zum Teile befonders erwünfcht machen mag, unb baß die Abnahme von Ausfchußwaren, Reften= und Ladenhütern[3] einen wefentlichen Vorteil des Haufierwefens für Fabriken und eine Anzahl von Gefchäften begründet. Der Haufierer mag vorwiegend billige Waren führen, doch leiftet er bem Händler, deffen „an bie ftäbtifche Kundfchaft nicht mehr anbringlichen Waren" er „im Dorfe Abfat verfchafft", ebenfo einen Dienft, als unter Umftänden, falls es fich nicht um eine im Verhältniffe zum Preife zu fchlechte Ware handelt, bem armen Bevölkerungskreife, ben er damit verforgt. Das billige fehlerhafte Gefchirr ift ben Bauern zweifellos willkommener als eines, das tabellofer, aber teurer ift. Dabei foll freilich nicht geleugnet werden, baß fchließlich auch der Dorfkrämer folche Ausfchußware führt[4]. Der ortsanfäffige, „zu= ftändige" Händler wird durch den Haufiervertrieb gewiß gefchädigt.

Wenn wir die Stellung des feßhaften Händlers gegenüber bem wandernden überhaupt ins Auge faffen, ift mithin eine Unterfcheidung nötig: in geringerer Anzahl find die Händler, welche im Haufierer will= kommene Kunden, in übergroßer Zahl jene, welche in ihm Konkurrenten fehen.

Wie der Bericht aus Nordböhmen hervorhebt, feten fich bort „Handels= gremien und andere Genoffenfchaften für den Haufierhandel ein", während andere Handelsgremien, fowie Bäcker, Klempner, Gaftwirte, deffen „thunlichfte

---

[1] S. 305. 306. 153. 19. 27.
[2] S. 130.
[3] S. 12. 130. 191 fg. 276. 305—307. 309. 334.
[4] Vgl. S. 71, Abf. 2.

„Einschränkung" befürworten[1]. Aus Prag wird von einem regen Versand=
geschäfte von Großhändlern „an Hausierer, die in der Provinz wohnen",
geschrieben[2]. Wir hören, daß der Hausierer, „wenn ihm der Vorrat aus=
geht, sehr häufig seinen Bedarf beim nächsten Kaufmann deckt[3]", selbst bei
seßhaft gewordenen Hausierern[4]. „Die Ware wird selbstverständlich dort
eingekauft, wo hausiert wird," sagt der Berichterstatter über Galizien[5]
bezüglich jener Landesinsassen, welche zur Hausierzeit andere Kronländer auf=
suchen. Der Referent für Triest hebt aber hervor, die Übung des
Hausierens sei dort so eingebürgert, „daß es keinem stabilen Kauf=
manne beifallen würde, sich dagegen aufzulehnen": ihm erwachse dadurch
kaum ein Nachteil, besonders da die meisten dieser Waren aus den Läden
stammen, wo man sie „ausgemustert und an diese verläßlichen und rührigen
Zwischenverkäufer, die sich mit dem geringsten Verdienste begnügen, abgelassen"[6].

Sehr oft tritt jedoch der Hausierer direkt in Konkurrenz mit dem
ortsansässigen Händlerstand, welcher, wie die stets wachsende Erregung
wider den Hausierhandel erweist, durch diesen in der Mehrzahl der Fälle
sich geschädigt erachtet[7]. Dazu kommt das Hausierertum (sog. Detail=
reisen) der Handelsreisenden, gegen dessen Ausbreitung lebhaft Stellung
genommen wird[8].

Es ist eine schwache Seite der vorliegenden Monographien, daß sie
zwar die Verhältnisse im Hausiererstande, nicht aber dessen Wirkung auf die
„Seßhaften" schildern. Und doch liegt in dieser die politische Pointe der
gegenwärtigen Lage. Die Bewegung der seßhaften Händler gegen die
wandernden ist, wie der erste Abschnitt dieser Einleitung dargethan hat,
alt. Sie ist auch keine österreichische Eigentümlichkeit. Aus der Schweiz
und aus Deutschland tönen die gleichen Klagen herüber. Händler und
Kleingewerbetreibende nehmen gegen die Hausierer, Fabrikanten für sie
Stellung.

Die zunehmende Dichtigkeit der Bevölkerung und dadurch bewirkte Ver=

---

[1] S. 250.
[2] S. 143.
[3] S. 269.
[4] S. 187.
[5] S. 286.
[6] S. 322 fg.; vgl. S. 336. Auch dort dürfte der Handel am Hausierwesen
interessiert sein, wo dieses, entgegen dem Gesetze, ausländische Waren vertreibt (vgl.
die Ausführungen über Gesetzesübertretungen weiter unten).
[7] S. 13. 71.
[8] S. 136. 185.

mehrung der ansässigen Händler, die Erweiterung des Eisenbahnnetzes, die raschere und wohlfeilere Beförderung der Waren und Menschen, die Entwicklung des Brief-, Telegraphen- und Telephonverkehres, die Entfaltung des Anzeigen- und Versandwesens, die Verwohlfeilung der Fabriksprodukte und die Zunahme der Kundschaftsbereifung, endlich, wie einer der Mitverfasser dieses Bandes bemerkt: die Sichtbarmachung der niederen Preise im Laden[1] drängen die Bedeutung des Hausierers mehr und mehr zurück. Und in dem Maße, als die Vergrößerung des Absatzgebietes auch noch Großmagazine zur Entstehung bringt, als Konsum-, Offiziers- und Beamtenvereine zur Versorgung ihrer Mitglieder mit Waren gegründet werden, trachten die Kleinhändler ihrerseits den neben ihnen bestehenden kleinen Konkurrenten den Garaus zu machen.

Das Anrufen der Gesetzgebung hierbei beweist jedoch, daß der seßhafte Kleinhändler aus eigener wirtschaftlicher Kraft mit dem Hausierwesen nicht aufräumen kann. Wo die Entwicklung nicht künstlich eingeschränkt wird, hat das Hausierwesen sogar heutigen Tages noch mitunter die Tendenz, zuzunehmen. In Deutschland soll die Zahl der Hausierer von 1884—1889 nur in einigen Provinzen stabil geblieben sein oder abgenommen haben. In Preußen hingegen ist sie um 7,6 Prozent, im Elsaß um 30 Prozent, in Hessen gar um 127 Prozent gestiegen[2]. Die Zunahme der Detailreisenden stehender Geschäftsunternehmungen wird beklagt. Sie machen ihre Geschäfte, indem sie auf Grund mitgeführter Muster bei Privaten Bestellungen aufnehmen. Dies Detailreisen finde auch von kleineren Städten aus in erheblichem Umfange statt und werde zu einem nennenswerten Bestandteil des heutigen Handelsverkehres[3]. Daneben ergreife der Hausierhandel fast alle einigermaßen leicht zu transportierenden Waren[4]. Seine Ware trübe das Urteil des Käufers, er belästige das Publikum, beschränke den seßhaften Kaufleuten und Gewerbetreibenden das Absatzgebiet. Die Einschränkung des Hausierhandels auf Waren, bei denen eine Täuschung des Publikums nicht leicht stattfinden kann, oder deren Vertrieb im Umherziehen ein Bedürfnis erscheint, und die Fernhaltung ungeeigneter Elemente von diesem Gewerbe, ja dessen völlige Aufhebung wird gefordert.

Die gleichen Klagen tauchen in Österreich auf: „Es existiert heute kein Handelsartikel mehr, der nicht in den Hausierhandel einbezogen würde,"

---

[1] Monographie „Triest", S. 336.
[2] „Das Handelsmuseum", Wien 1893, Januar, S. 25, und Oktober, S. 563.
[3] Jahresbericht der Handelskammer zu Koblenz für 1896, I. Teil, S. 9.
[4] Jahresbericht derselben Kammer für 1890, S. 4.

heißt es im Geschäftsberichte am I. österreichischen Kaufmannstag[1]. „Selbst
solche Artikel, wie Spezerei- und Kolonialwaren[2], deren Verkauf durch den
Hausierhandel verboten ist, werden in massenhaften Quantitäten auf diese
Weise abgesetzt und dadurch der an einen festen Wohnsitz gebundene Kaufmann schwer geschädigt." Dies geschehe auch durch Agenten aus der
anderen Reichshälfte und aus dem Auslande, welche gleich einem Heuschrecken-
schwarme alles überschwemmen und nicht nur durch Vorweisung von Mustern,
sondern auch durch Mitführung von Waren, mit Beiseitelassung des Kauf-
manns, direkt mit dem Publikum Geschäfte machen. Schon das Gesetz be-
stimme, sagt ein Redner aus Marburg[3], daß der Agent keine Waren mit-
führen darf, da er nicht zugleich Kaufmann sein kann; „doch ist gerade in
neuester Zeit leider der Agent der größte Konkurrent des Kaufmannes. Der
Agent schreibt z. B. an sein Haus: Schicken Sie mir einen Waggon Zucker;
davon hat er nun 50—60 Metercentner verkauft, und den Rest nimmt er
auf Lager. Würde er diese 40 Metercentner an einen Kaufmann veräußern,
so ließe sich ja nichts sagen; aber er verkauft an die kleinsten (?) Leute 10
bis 15 Brode. Wie verderblich eine solche Konkurrenz ist, werden Sie in
dem heurigen Jahre empfunden haben. (Rufe: Sehr richtig!) Die Ware
war im vergangenen Herbste so billig, daß man glaubte, sie könne nicht
mehr billiger werden, und daher kaufte. Aber es hat sich gezeigt, daß das
ein Irrtum war. Der Kaufmann ist nun an seine vorjährigen Schlüsse
gebunden, der Agent aber nicht; während jener die teure Ware in Händen
hat, verkauft dieser billiger an die Kundschaft des Kaufmannes. Bei
Petroleum und Reis geschieht das Gleiche. Dem soll und muß ein Ende
gemacht werden. Ich weiß zwar nicht, ob es in der Residenzstadt vor-
kommt, aber in der Provinz ist es so."

Daher wird beantragt, jeden Detailabsatz der Agenten an das Publikum
streng zu verbieten und den Hausierhandel in Städten und größeren Ortschaften gänzlich abzuschaffen. „In kleinen Orten," so lautet eine Resolution[4], „und in Gebirgsgegenden ist derselbe nur für gewisse, genau zu
bezeichnende Artikel zu gestatten, und soll nur von einheimischen und zu
anderer Arbeit untauglichen Personen betrieben werden dürfen. Gegen die
bloße Sperrung der größeren Ortschaften erhebt sich die Stimme der Ver-

---

[1] Der I. allgemeine Tag der Kaufleute Österreichs. Wien, August 1884;
stenographisches Protokoll, S. 26.

[2] Richtig: Material- und Spezereiwaren; das Hausieren mit denselben ist in
§ 12 des Hausierpatentes verboten.

[3] S. 69, ebendort.

[4] Ebendort, S. 115.

treter der Gebirgsorte, welche befürchten, daß die aus den Städten und
Märkten verdrängten Hausierer die Krämer dieser Gegenden ganz um die
Existenz bringen müßten[1].

Nächst dem Hausierer und Agenten beginnen auf dem Lande die dortigen
Konsumgenossenschaften den seßhaften Krämer zu beeinträchtigen. Gleichwie
in Wälschtirol in manchen Gegenden bereits jedes Dorf seine bäuerliche
Konsumgenossenschaft — famiglia cooperativa — besitzt, verbreitet sich diese
Einrichtung jetzt auch in Mähren und von dort aus nach Niederösterreich
in auffallendem Maße. In den südlicheren Teilen dieses Kronlandes wieder
sollen die Mitglieder der landwirtschaftlichen Kasinos vielfach nebst den
landwirtschaftlichen Hilfsstoffen — Samen, Kunstdünger und Maschinen —
auch Nutzdienstlichkeiten für den Hausgebrauch im großen zur Verteilung
unter sich zu beziehen. Selbst bei der Errichtung von Getreidelagerhäusern
bieten sich Zuckerfabriken zur Ausrüstung eines Zuckerlagers für die bäuer=
lichen Abnehmer an.

In den Städten aber bildet eine Abart des Hausierhandels der von
großen Geschäften mit einem ausgebildeten Apparat von Wagen, Bediensteten,
Packtrycicles ausgeübte Betrieb, welcher unter der Fiktion vorausgegangener
Bestellungen erfolgt.

Alle diese Faktoren beeinträchtigen die Lage des Kaufmannes, der, um
ihre Konkurrenz zu bestehen, dem verringerten Kundenkreise eine möglichst
große Warenauswahl bei möglichst niedrigen Preisen bieten muß.

Die städtischen Gewerbetreibenden beschweren sich über das
Hausieren auf Grund des § 60, Abs. 2 und 3 der Gewerbeordnung,
welches mit Mitteln des täglichen Bedarfes auf die bloße Anmeldung hin
oder seitens kleiner Erzeuger gegen Austraglicenzen stattfindet.

Mit den ersteren Waren hat sich im Laufe der Jahre ein schwunghafter
Hausierbetrieb entwickelt, so, abgesehen von Brot, mit ordinären Bäckereien,
Gemüse, Obst, auch mit Blumen u. s. w. Ursprünglich war die Ausnahms=
bestimmung des § 60, 2 G. O. wohl als eine Begünstigung der kleinen
Landwirte in der Umgebung städtischer Ansiedlungen und als eine Maß=
nahme zur Erleichterung der Approvisionierung gedacht[2]. Sie hat aber

---

[1] Ebendort, S. 9: „Wenn der Hausierhandel in den Städten und größeren
Ortschaften abgeschafft wird, so bekommen wir die ganze Last der Hausierer ins Ge=
birge."

[2] Der Motivenbericht zur Regierungsvorlage, aus welcher die 1883 er Gewerbe=
novelle entstand, bezeichnet die im heutigen § 60 Abs. 2 und 3 G. O. umschriebenen
Befugnisse als empfehlenswert „mit Rücksicht auf die örtlichen Bedürfnisse und ihre
auf Unterstützung mancher Kleingewerbetreibenden gerichtete Tendenz" (253 der

längst über diesen Rahmen hinausgegriffen und ist zu einem förmlichen Hausierbetriebe mit gewerblichen Erzeugnissen verschiedener Art geworden. Die Hausierer werden vielfach von bestimmten Händlern versorgt, welche in ihnen ständige Abnehmer finden.

Was das Hausieren gegen Austragscheine betrifft — mit Gipsfiguren, Zuckerwerk u. s. w. —, so hat sich eine Art Lohnhausiererei auch hier entwickelt, indem kleine gemeinsam hausende Erzeuger geringwertige Erzeugnisse herstellen und diese auf Grund einer Anzahl von Austragscheinen, über welche sie verfügen, durch Lehrlinge vertreiben lassen oder (Gefrorenes-Händler) in der Saison in den Nachmittagsstunden selbst vertreiben. Das Hausieren mit Gefrorenem bildet eine ständige Klage der Zuckerbäcker, vor deren Geschäftsladen der durch Klingeln sich anzeigende Gefrorenesmann im Sommer seinen ungestörten Absatz sucht. Zahlreich sind auch die Kanditen-händler mit einer von Straßenstaub bedeckten Ware; sie sind wohl zumeist nicht selbständige, sondern Lohnhausierer. Zur sanitären Bedenklichkeit der Erzeugung derart verhausierter Waren, welche in vielen Fällen mit Hinsicht auf die ihrer Produktion dienenden Quartiere unleugbar vorhanden ist, gesellen sich die sanitären Unzukömmlichkeiten, welche mit dem Feilbieten unverwahrter und vermöge ihrer klebrigen Oberfläche einer Verunreinigung besonders ausgesetzter Gegenstände auf freier Straße verbunden sind.

Nachdem wir die vorhandenen Andeutungen über die Bedeutung des Hausierwesens für Erzeuger und seßhafte Händler zusammengefaßt, ist nun diejenige Interessengruppe zu betrachten, für welche das Hausieren am wichtigsten ist: die Wanderhändler selbst. Ihre Morphologie wurde bereits erörtert. Jetzt fragt es sich um ihren socialen Ursprung, ihre Existenzmöglichkeit und ihre Lage.

Berufshausierer sind vor allem die Angehörigen mancher, ob ihrer Dürftigkeit begünstigten Gegenden (Gottscheer, Slowaken[1]) sowie die Absatzorgane bestimmter Produktionsgebiete (Reifnitzer Siebmacher, Holz- und Drechslerwarenerzeuger in Nordböhmen[2]). Die Bedeutung dieser

---

Beilagen zu den stenogr. Protokollen des Abgeordnetenhauses, IX. Session, 1880, S. 92). Im Abgeordnetenhause verteidigte der Berichterstatter Graf Belcredi (Protokoll der Sitzung vom 16. Dezember 1882, S. 8785) diese Bestimmungen damit, daß sie „einen kleinen Erwerb" betreffen, „der in der Regel von armen Leuten getrieben wird und durchaus nicht jene Gefahren in sich trägt, die vielleicht für seine Auslassung ins Auge gefaßt und vorangestellt werden könnten".

[1] S. 99—114. 144. Vgl. über das Hausieren in Nordböhmen in Ermangelung eines anderen Erwerbes S. 192 und 216 fg. Es wird behauptet, daß dort das Hausieren in vielen Orten zu einem ortsüblichen Erwerbe geworden ist, S. 221.

[2] S. 115. 256 fg.

letzteren Gebiete mag heut, bei der Produktionsbereitschaft der modernen Volks=
wirtschaft wesentlich geringer sein als ehedem. Was ihre Bedeutung für
die Hausierer betrifft, bliebe noch zu untersuchen, ob deren Existenz nicht
auf eine andere Weise gewährleistet werden könnte? Den Wünschen jener,
welche hausieren, kommt diese Form des Erwerbs gewiß mehr entgegen als
eine andere; oft entspricht sie der Tradition, und bei aller Armseligkeit des
Bestandes mag für viele das selbständige Hausieren doch noch weit erfreulicher
sein als die Arbeit in einer Fabrik, welche, mehr Zwang unterworfen, oft
mit der völligen Loslösung von der Heimat verbunden ist, auch nicht
mehr Erträge und im ganzen wenig Sicherheit bietet. Dem Verlagsarbeiter
einer ländlich=lokalisierten Hausindustrie gegenüber ist der Hausierer heutigen=
tags gewiß besser dran [1]. Anderwärts ist freilich das Hausieren „eher Bettelei
als Geschäft [2]". Oft treibt die Frau ständig ein anderes Geschäft oder der
Wanderhändler selbst während eines Teiles des Jahres ein Nebengewerbe [3],
oder die Familie geht zum Hausieren über, wenn ihre Träger „Konkurs
gemacht oder sonstwie abgewirtschaftet haben", aus Mangel an Mitteln und
sachlicher Bildung zu keinem selbständigen Gewerbe= oder Handelsbetriebe
gelangen [4] oder durch Gebrechlichkeit verhindert sind, einen anderen Erwerb
zu ergreifen [5].

Lebenshaltung und Gewinn der Hausierer sind jedoch verschieden [6].
Die Angaben über die Gewinne ergeben kein klares Bild [7]. Mit manchen
Mitteilungen kann man schlechterdings nichts anfangen [8]. Allzu niedrigen
Gewinnangaben stehen sehr hohe gegenüber [9]. Als „durchschnittlichen Ver=
dienst" eines Hausierers giebt der Referent für Niederösterreich „circa 50 fl.
brutto per Monat" an; der Hausierer arbeite hier „fast unter allen Um=
ständen mit 30—35 Prozent Nutzen". Auch für Prag wird beim Hausierer
mit Schnittwaren ein Preisaufschlag von 20—80 Prozent als das Normale

---

[1] In demselben Sinne S. 220.
[2] S. 284. 311. Auch in Niederösterreich wird auf dem Lande übereinstimmend gesagt, der Hausierer „esse sich durch".
[3] S. 108. 148.
[4] S. 312.
[5] S. 336.
[6] S. 324, letzter Absatz; S. 312 fg.
[7] Es wird von „100 Prozent Bruttogewinn" auf dem Lande und von „5 Prozent Gewinn" in der Stadt in demselben Zweige der Hausiererei berichtet (S. 13 und 14).
[8] S. 16, 2. bis 7. Zeile.
[9] Vgl. zur ebengenannten Stelle den angeblichen Profit von 250 Prozent der Kanditenverkäufer gemäß S. 27.

erwähnt¹, während es vom Galanteriewarenhausierer heißt, er schlage auf dem Lande 100, in der Stadt 50—100 Prozent zu, und er könne monatlich höchstens 25 fl. rein erübrigen². Diese reine Einnahme ergiebt sich nach Abzug der im Gange des Geschäftes außer Hause aufgewendeten Auslagen, also auch der Kosten für das Glas Bier oder die geringe Mahlzeit, die der Hausierer im Gasthause zu sich nimmt, der Abgabe an den protegierenden Kellner u. s. w. Die sogenannten Bosniaken hingegen, welche sehr mäßig und überdies allein leben, senden jährlich durchschnittlich 150 fl. der Frau nach Hause³. Die Prager Messerhausierer aus der Wsetiner Gegend sollen 80—100 Prozent verdienen, und bei einem Gewinne von 30 oder 40 fl. monatlich an die 10 oder 15 fl. an ihre Familie senden⁴. „Es wird behauptet, daß die galizischen außerhalb des Landes beschäftigten Hausierer 25—30 Prozent vom Umsatze brutto verdienen⁵."

Detailliertere Angaben machen die Referenten für Steiermark und für Nordböhmen. Aus der Tabelle des letzteren (S. 247) ergeben sich höchst verschiedene Angaben. Er schätzt das durchschnittliche Einkommen aus dem Hausierhandel auf 150—200 fl., im einzelnen Falle jedoch auch „um ein Erhebliches" höher. Der Berichterstatter über Steiermark hält für absolut wohlfeil die hausindustriell erzeugten Waren. Noch eine Reihe anderer Waren würde (S. 69) ausgesprochen wohlfeil abgesetzt werden. Auch beim Kaufe vom Hausierer komme es übrigens darauf an, welche Menge einer Ware gekauft wird, eine Angabe, die auch rücksichtlich Nordböhmens bestätigt wird. Jeden Händler reizt eben der absolute Gewinn⁶. Beim Hausierer wirkt noch das Bestreben mit, die auf eine bestimmte Wanderung mitgenommenen Waren nicht wieder nach Hause zu bringen (S. 69).

Im ganzen müssen wir gestehen, daß wir über die Preiszuschläge der Hausierer noch weniger wissen als über jene der seßhaften Kleinhändler. Würde man aber den Umsatz eines Hausierers auf 600 fl. im Jahre schätzen, so ergäbe der Gesamtumsatz von 18 000 Hausierern rund 11 Millionen Gulden; nimmt man 1000 fl. an, so kommt man auf 18 Millionen. Nach einer Umfrage des Referenten für Nordböhmen betrug der Umsatz bei rund 60 Prozent der Hausierer an die 500 fl., bei etwa 30 Prozent 1500 fl.,

---

¹ S. 132.
² S. 139.
³ S. 142.
⁴ S. 169.
⁵ S. 287.
⁶ Vgl. Schwiedland, Das Verhältnis der Groß- und Kleinhandelspreise, in Conrads „Jahrbüchern", 1889, II, S. 258 fg.

bei den übrigen mehr[1]; doch bestehe der Verdacht, daß die Hausierer sich zu niedrig einschätzen. Man dürfte wohl kaum fehlgehen, wenn man die Durchschnittssumme von 1000 fl. annimmt. Schätzt man den Geschäfts= gewinn auf 25 Prozent, so ergäbe das per Kopf 250 fl. oder 4 1/2 Millionen Einkommen, welches jedoch nur zum Teile den seßhaften Händlern entgeht, da der Absatz des Hausierers zum erheblichen Teile lediglich auf seiner werbenden Kraft beruht. Freilich sind in den 18 000 Hausierern die un= befugten nicht inbegriffen! Eingehende persönliche Erhebungen über die Größe des Umsatzes und den Gewinn der Hausierer, welche etwa von Organen der Handels= und Gewerbekammern vorgenommen würden, könnten sicherere und jedenfalls interessante Ergebnisse bringen.

Für den Käufer kommt es freilich auch darauf an, ob die Preise im richtigen Verhältnis zur Qualität der Ware stehen. Es fehlt nicht an An= deutungen, wonach die scheinbar niederen Preise der Hausierer hoch sind[2]. Es wird bemerkt[3], daß der Verbraucher beim Hausierer „nicht besonders teuerer kauft als in den festen Betriebsstätten der Gewerbetreibenden und Händler". An anderer Stelle wird hingegen betont, der Hausierer biete die Möglichkeit, „notwendige Lebensbedürfnisse auf wohlfeilerem Wege zu befriedigen, als dies durch den stehenden Geschäftsbetrieb geschehen kann[4]."

Im übrigen ist wohl mit dem Berichterstatter für Nordböhmen[5] hervor= zuheben, daß ein großer Teil der Landbevölkerung geradezu auf den Wander= handel angewiesen ist: Bewohner entfernt liegender Einschichten, von Dörfern, in denen nur die alltäglichsten Gebrauchsgegenstände erhältlich sind, die Knechte, die Mägde, welche selbst an Sonntagen nur äußerst selten bis zur Stadt kommen können, Fabriksarbeiter, welche vom Centrum der Stadt entfernt wohnen. „Für alle diese kommt der Hausierer am Sonntag sehr gelegen." Deshalb halten Dorfgemeinden den Hausierhandel für notwendig, weil er Waren in ihr Gebiet bringt, welche an Ort und Stelle nicht gekauft werden können[6].

Ein anderer Referent macht die zweifellos richtige Beobachtung, der Käufer könne, wenn der Hausierer zu ihm kommt, ganz andere Preisanbote machen, wie wenn er selbst durch die Nachfrage ein zu befriedigendes Be= dürfnis erkennen läßt[7]. Daheim kann er sich über die Ware und ihren Preis mit seinen Angehörigen beraten, er erspart den Gang und die Weg= zehrung, welche der oft weite Gang zum Kaufmanne erfordern würde[8]. Auch

[1] S. 244.
[2] S. 70. 19.
[3] S. 250.
[4] S. 77.
[5] S. 251.
[6] S. 250.
[7] S. 267.
[8] S. 77.

sei der Hausierer, welcher einen bestimmten Kundenkreis besucht, bestrebt, die Käufer durch gute, preiswerte Ware zufrieden zu stellen, während die fremden eher minderwertige Ware führen und die Käufer zu benachteiligen trachten[1].

Die Ursachen des zähen Bestandes des Hausierwesens findet man zum Teile in den wirtschaftlichen Verhältnissen: Zahl der Gemeinden ohne Krämereien[2], Möglichkeit, beim Hausierer für gewisse Abfälle Waren einzutauschen[3], Wohlfeilheit des Einkaufes[4]. Allein es ist auch kein Zweifel, daß der Konsument noch aus anderen Gründen, welche zum Teile schon aufgeführt wurden, caeteris paribus dem Hausierer entgegenzukommen geneigt ist. Seine Bequemlichkeit, vielfach die Volksanlage (man läßt sich gern aufsuchen, feilscht gern) und das Herkommen sprechen dafür, und er hat ja nur sein eigenes Interesse zu wahren, nicht jenes der Kleinhändler. Anderwärts stehen wieder der Übung des Einkaufes beim Wanderhändler die Vermehrung der Geschäfte und Mißtrauen der Käufer[5] entgegen. Andere nicht-ökonomische Gründe kommen in Sommerfrischen und Kurorten dazu, wo man die Belästigung jener Hausierer, welche man nicht aus Gründen der Bequemlichkeit (wie Obst- und Gemüsehändler) ausnahmsweise gern sieht, im allgemeinen unangenehm empfindet[6]. Im ganzen wird die Abnahme des Hausierwesens vielfach vermeldet[7].

Als der wichtigste Kundenkreis des Hausierers wird auf dem Lande der Bauer und sein Gesinde, sowie die industrielle Arbeiterschaft bezeichnet[8]. Auch in der Stadt sind wohl, von den Lebensmitteln und Luxuswaren (Spitzen) abgesehen, die unteren Stände ihr bester Käuferkreis.

Die Hausierer wecken durch ihr Angebot die latente Nachfrage, sie bedürfen kaum eines Kapitales, um ihren Betrieb zu unternehmen; sie können den Verbraucher auch durch Aufdringlichkeit und Überredung zum Kaufe veranlassen[9]. Sie gewähren auch Kredit[10]. Sie können es hierin dem Detailhändler völlig gleichthun: die Eintreibung geschieht beim nächsten Besuch oder auch nach der nächsten Ernte.

Die Verlockung zum Kaufe ist freilich für den Konsumenten nicht immer ein Vorteil. Damit kommen wir zu den Schattenseiten des Wanderhandels für die Käufer. Zunächst wird ganz allgemein das unmäßige Vorfordern genannt. Der Händler schlägt vor; der Käufer kann aller-

---

[1] S. 270; vgl. S. 76.
[2] S. 75.
[3] S. 75 fg. 285.
[4] S. 69. 77. 194.
[5] S. 276.
[6] S. 286.
[7] S. 336. 279, u. s. w.
[8] S. 66. 68 fg. 133.
[9] Hierüber S. 72. 138. 251 fg.
[10] S. 68.

bings feilschen, aber solid ist diese Art der Preisfestsetzung sicherlich nicht. Mag auch der Detailhändler seine Forderung oft nach dem Rocke des Käufers bemessen, der Hausierer scheint, in der Regel, sozusagen aus Princip im ersten Moment zu überhalten. Diese Feststellung ist ganz allgemein. „Es kommt wohl auch gar nicht selten vor," bemerkt der Berichterstatter über Steiermark, „daß sie ihre Waren an und für sich teuer verkaufen[1]." „Es kommt vor," wird aus Bukowina gemeldet, „daß in einzelnen Fällen der Hausierer 80 Prozent und mehr an seiner Ware verdient." Der Verdacht liegt da nahe, daß den Leuten auch oft schlechte Ware angehängt wird, zumal, wie wir gesehen haben, ohnehin mit Vorliebe geringwertige verhausiert wird.

Dies leitet uns von selbst zu den Gesetzesübertretungen über, welche den Hausierern in diesem Bande nachgesagt werden. Zunächst wird berichtet, daß ausländische Waren im Hausierwege vertrieben werden[2], oder solche inländische, welche rechtlich vom Hausierervertriebe ausgeschlossen sind[3]; dann, daß die Hausierer die Sonntagsruhe nicht beachten[4]; ferner führen sie unberechtigterweise Hilfspersonen, Karren und Lasttiere mit[5]; auch soll ein sehr ausgedehnter Handel auf Grund des § 60, 2 G. O. ohne Gewerbeschein stattfinden[6]. Interessant ist ferner, daß die Hausierer selbst sehr energisch Stellung nehmen gegen — unbefugte Kollegen[7]. Auch dort, wo ein Hausiererverbot erlassen ist, wie in Graz, wird es umgangen, indem ein Gewerbeschein gelöst wird, lautend auf den Handel mit den Waren, auf welche sie nun mit Mustern von Haus zu Haus Bestellungen sammeln[8].

Im allgemeinen läßt sich über die Wirkung der Hausierverbote dort, wo sie erlassen wurden, leider nicht viel sagen. Über Oberösterreich liegt überhaupt kein Bericht vor, was um so bedauerlicher ist, als dieses Kronland seit mehr als einem Jahrhundert an der Spitze jener steht, welche von der Staatsgewalt die Abschaffung des Hausierwesens fordern. Desgleichen liegt kein Bericht vor über Kärnten, Tirol und Salzburg, wo für die Landeshauptstädte gleichfalls Hausierverbote bestehen; der Referent für Krain aber beschränkt sich auf die Gottschee und den Reifnitzer Bezirk, und in Prag ist das bezügliche Verbot nicht in Kraft getreten[9]. Der Referent für Steiermark allein giebt seine Erfahrungen über das Verbot bekannt[10]. Er

---

[1] S. 70; vgl. über das Vorfordern S. 132. 139. 180. 193. 242. 279. 285. 316.
[2] S. 18. 332.
[3] S. 317.
[4] S. 22. 73. 287.
[5] S. 63 fg.
[6] S. 123.
[7] S. 126 fg. 134. 142. 317. 339.
[8] S. 80.
[9] S. 124 fg.
[10] S. 79 fg.

bezeichnet den Wert des Hausierverbotes als recht problematisch. Jedenfalls wäre es von Wichtigkeit, wenn die Regierung die ihr zweifellos zukommenden Berichte über die Wirkung der Hausierverbote ohne Scheu veröffentlichen würde. Gelegenheit dazu böten u. a. künftige Hausiergesetzentwürfe.

3.

Die Bedrängnis des Kleinhandels, die „Krisis des Zwischenhandels" in gegenwärtiger Zeit hat gewiß vielfache Ursachen. Die Entwicklung des **Personenverkehres**, welche das Herbeikommen von Agenten, Detailreisenden, Hausierern, Wanderlagern erleichtert und zugleich den häufigeren Besuch größerer Orte, mithin größerer Läden, seitens der Käufer befördert —, die Entfaltung des **Versandwesens**, vermöge dessen dem Kundenkreis sehr weite örtliche Grenzen gesteckt sind, indem die Hausfrau auf Grund von Zeitungsanzeigen Bestellungen macht, auch Waren in größeren Mengen aus ersten Quellen bezieht, um sie im Freundeskreise verteilend abzusetzen —, das Aufkommen der großen **Detailgeschäfte**, welchen die Vorteile dieser Sachlage zufallen, die Eröffnung vieler **Filialen** und die Entwicklung der Geschäfts=Reklame verschärfen die Konkurrenz. Trotz aller Zunahme des Konsums wird daher für den Kleinhändler die intensivere Vertriebsweise des kaufmännischen Großbetriebes unangenehm bemerkbar.

Zu jenen neuen Vertriebsformen kommen nun noch die Veranstaltungen, welche nicht im geregelten Geschäftsgange wurzeln: **Ausverkäufe** und **Notverkäufe**, sowie schwindelhafte Veranstaltungen solcher: **Schein= ausverkäufe**.

Zu untersuchen wäre auch, ob gegenüber diesem Vordrängen mancher kaufmännischer Betriebsarten nicht auch anderseits eine Übersetzung des Handels mit Kleinbetrieben gegenübersteht, ähnlich, wie dies beim Handwerk vielfach der Fall ist[1]?

Deskriptive Untersuchungen fehlen auf diesem Gebiete. Die Statistik erweist folgendes. Die Bevölkerung Österreichs betrug im Jahre 1857: 18¼, im Jahre 1869: 20¼ Millionen und kann daher für **1862** mit rund **19 Millionen** angenommen werden.

In diesem Jahre betrug die Zahl der **seßhaften Händler 157375** oder 0,83 Prozent der Bevölkerung, die der **Hausierer 12805** oder 0,09 Prozent der Bevölkerung.

---

[1] Vgl. Schwiebland, Kleingewerbe und Hausindustrie in Österreich. Band I, Kap. II und Bd. II, Kap. V.

Im Jahre 1890 zählten: die Einwohnerschaft 23 708 000, die seßhaften Händler 310 518, die Hausierer 18 233 Köpfe, d. i. die ersteren 1,31 Prozent, diese letzteren 0,07 Prozent der Bevölkerung.

Mithin hat von 1862 auf 1890 eine relativ starke Vermehrung der seßhaften Handelsbetriebe stattgefunden. Ob damit eine Übersetzung im Kleinhändlerstand besteht oder nicht, muß dahingestellt bleiben. Wir wissen hierüber nichts.

Die nachhaltigen Beschwerden, welche die seßhaften Händler gegen die Formen des intensiveren Detailhandels erheben, richten sich sowohl gegen Großmagazine, mehrfache Filialen und Schnellverkäufe als gegen die zudringlichen Vertriebsformen, wie die Wanderlager, das „Detailreisen" von Agenten, welche mit Mustern beim Kunden vorsprechen und die bestellten Waren sofort abliefern, ferner gegen das Arbeiten von Geschäftshäusern mit Lohnhausierern und gegen die selbständigen Hausierer.

Bezüglich der beiden letzteren aktiven, eindringlichen Vertriebsformen wird bekanntlich häufig das Begehren um deren Aufhebung gestellt.

Will man aber über das Hausierwesen aburteilen, so wird der Ausspruch darnach gefällt werden müssen: wer hausiert, wo, womit und wie hausiert wird.

Die bestehenden Hausierer schlechthin von Gesetzeswegen abzuschaffen, ist praktisch nicht durchführbar: die Hausierer, welche nicht leicht einen anderen Lebensunterhalt finden, die Käufer, welche ihre Kunden sind, stehen dem gleicherweise im Wege. Die privilegierten Orte, welche Hausierer aussenden, die entlegenen Weiler und Höfe, welche den Hausierer gern sehen, haben beiderseits ein zu lebhaftes Interesse an dieser Handelsart. Unter den Hausierern sind ferner viele, denen dieser Erwerb ein Refugium bietet — gescheiterte Existenzen und Krüppel —, welche beim Entfallen dieser Zuflucht der Gesamtheit zur Last würden.

Lassen sich mithin gegen die völlige rechtliche Abschaffung des Hausierwesens Einwendungen vom Standpunkte der praktischen Durchführbarkeit wie der Zweckmäßigkeit erheben, so entfallen aber diese zum großen Teile gegenüber dem Postulate einer Einschränkung des Hausierwesens. Wie die Jahrmärkte abgestorben sind, können allerdings auch die Hausierer teilweise mit der steigenden Kultur von selbst zurücktreten. Allein dies geschieht nur rücksichtlich der Hausierer, die selbständige Zwischenhändler sind. Neben diesen entfaltet sich ein Zweig des Hausierwesens zu neuer Blüte: der Großhausierer, welcher Wanderlager leitet, der Lohnhausierer, welcher Agent eines größeren Unternehmers ist.

Ihnen gegenüber fallen die socialpolitischen Einwände bezüglich ihrer Abstellung weg; auch ist es an sich leichter, solche Hausierer nicht aufkommen zu lassen, als die bestehenden selbständigen einzelnen Hausierer auszurotten. An die Verweigerung von Gewerbescheinen oder Konzessionen für Wanderlager und Lohnhausierer kann gedacht werden.

Was aber die heutigen Einzelhausierer alten Stiles betrifft, ist ihre Einschränkung auf mannigfache Weise möglich. Die Verwaltung in Österreich beweist, daß man die Zahl der Konzessionen, als welche die Hausierpässe sich darstellen, successive einschränken kann. Allein man könnte sich auch dazu entschließen, die vorhandenen Hausierer zwar fortbestehen zu lassen, neue Hausierscheine jedoch nicht mehr auszustellen.

Damit wären die Hausierer theoretisch auf ein Aussterbeetat gesetzt. Theoretisch, denn praktisch dürfte denn doch das Bedürfnis der Konsumenten und Hausierer dafür maßgebend bleiben, ob sie thatsächlich weiter hausieren würden. Wenn man die zahllosen heutigen Beschwerden über das Walten unbefugter Hausierer auf dem offenen Lande und die völlige Unzulänglichkeit der Polizei ihnen gegenüber hört, muß es einleuchten, daß diese Verhältnisse sich nicht sofort ändern würden. Höchstens würde das unbefugte Hausieren mehr maskiert werden, als es heute schon der Fall ist.

Aus praktischen Gründen wie auch aus socialpolitischen Rücksichten wäre daher eine zweifache Ausnahme von der Abstellung neuer Hausierer zu machen: 1º zu Gunsten solcher Angehörigen jedes Ortes, welche zu keinem anderen Erwerbe tauglich sind (Beispiel von Paris und Vorschlag des jüngsten Gesetzentwurfes) sowie 2º — falls die Erhebungen einen solchen Anspruch begründet erscheinen lassen — zu Gunsten der Angehörigen bestimmter bedürftiger Gegenden.

Diese beiden Kreise wären auch im Falle der principiellen Abschaffung des Hausierwesens in Zukunft zur Ausübung dieses Handels noch immer zuzulassen. Innerhalb derselben könnte freilich eine Einengung durch die Leumundsvorschrift vollzogen werden. Auch wäre es denkbar, daß die Hausierer auf das sie legitimierende Kronland oder auf dieses und die unmittelbar angrenzenden Kronländer beschränkt würden.

Freilich könnten solche Einschränkungen nur dann von Belang werden, wenn zugleich der Zufluß ungarischer und bosnischer Hausierer nach Österreich gesperrt würde. Könnte, wie im Ausgleichsausschusse des österreichischen Abgeordnetenhauses Ende 1898 vom Reichsratsabgeordneten Mauthner beantragt wurde, „die Gesetzgebung und Verwaltung bezüglich des Hausierhandels in den selbständigen Wirkungskreis der beiden Staaten verwiesen werden," so würden freilich die Klagen — welche namentlich in den an Ungarn grenzenden Gebieten, wider die Slowaken und Ungarn, erhoben werden — zum großen Teile von selbst aufhören[1]. Diese Forderung ist alt. Schon bei der Beratung der 1883er Gewerbenovelle wurde die Regierung am 16. Dezember 1882 im Abgeordnetenhause[2] in einer Resolution aufgefordert, „anläßlich der seinerzeit stattfindenden Vorberatungen über die Erneuerung des Zoll= und Handelsbündnisses mit Ungarn in Erwägung zu ziehen, in welcher Weise der Artikel XV dieses Vertrages abgeändert werden soll, damit in Bezug auf das Hausierwesen in Österreich selbständige Verfügungen getroffen werden können, und die im § 17 des Kauf=Patentes vom 4. September 1852 ausgesprochene Freizügigkeit[3] in einer den jetzigen Verhältnissen entsprechenden und einschränkenden Weise geregelt werde." Und 1886 bezeichnete es ein Delegiertentag von Detailhändlern „für eine endgiltige Regelung des Hausierwesens in Österreich als unerläßlich, daß bei der bevorstehenden Erneuerung des Zoll= und Handelsbündnisses mit Ungarn auf eine Änderung des Artikels 15 in dem Sinne Rücksicht genommen werde, daß, unter Beibehalt der Reziprozität der vertragschließenden Reichshälften, jeder der beiderseitigen Regierungen die **volle Aktionsfreiheit in der Hausiergesetzgebung gewahrt werde**[4]. Ohne eine solche Emancipation von Ungarn sind alle Einschränkungen Österreichs von geringem Belang. Ist doch in Ungarn die Zahl der Hausierer von 1862[5] bis 1890[6] von 4203 auf 11 231 gestiegen, trotzdem dort von etlichen 300 Gemeinden und Städten mit mehr als 5000 Seelen bereits 70 gegen die Hausierer abgeschlossen sind.

Faßt man sodann die Frage ins Auge, wo hausiert wird, so leuchtet die Möglichkeit einer **lokalen Regelung** auf den ersten Blick ein. Dies-

---

[1] Wie mir berichtet wird, wurden in Kirchschlag in N.-Ö. (nächst der ungarischen Grenze) im Jahre 1898 unter 108 gemeindeämtlich vidierten Hausierbüchern bloß 9 österreichischer und 99 ungarischer Herkunft gezählt. In Waidhofen an der Ybbs, an der Westgrenze dieses Kronlandes, waren von den 397 Hausierern desselben Jahres 214 ungarische Staatsbürger.

[2] S. 8784 fg. des Protokolles der citierten Sitzung.

[3] § 17 des Hausierpatentes betrifft die begünstigten Gegenden.

[4] Der II. (Delegierten-)Tag der Kaufleute Österreichs in Wien. Juni 1886, stenographisches Protokoll. Wien 1886, S. 121.

[5] Tafeln zur Statistik der österreichischen Monarchie, N. F., Bd. V, S. 293 fg.

[6] Ungarische statistische Mitteilungen, N. F., Bd. II, Ergebnisse der Volkszählung, II. Teil. Budapest 1873, S. 636 fg. — Von den 14 313 ausgewiesenen „Hausierern" sind 6194 als eigentliche „Aufkäufer" (Hadernsammler u. s. w.) in Abzug zu bringen, hingegen von den gezählten Wandergewerbetreibenden 1674 Kastelbinder und 1438 wandernde Glaser den Hausierern hinzuzurechnen.

bezüglich kann erörtert werden, ob denn — abgesehen von den Gegenden, deren Bevölkerung eine Vorliebe für das Leben auf der Straße und das Hausier=wesen hat — das Ausschließen der Hausierer in größeren Orten, immer unter Rücksichtnahme auf die Wünsche und Sitten der Einwohnerschaft, etwa unzulässig wäre?

Sachliche Erhebungen über die bestehenden lokalen Verhältnisse lassen sich durch die Organe der Stadtverwaltungen, der politischen Behörden, Handels- und Gewerbekammern im einzelnen Falle leicht vornehmen. Vor allem ließe sich durch die Landesausschüsse oder durch die Handels- und Gewerbekammern die Zahl der Hausierer in den einzelnen Orten feststellen. Die Statistik der bezirksämtlichen Vidierungen giebt hierüber keine Auskunft. Doch würde eine Statistik über die Übersetzung der einzelnen Orte mit Hausierern mit eine Grundlage der örtlichen Regelung des Hausierhandels bilden. Eine Statistik der Ortsvidierungen, welche in Bürgermeister=ämtern geführt wird, wäre daher zusammenzustellen.

Immerhin ist zu bedenken, daß mit dem Abschließen größerer Orte die Hausierer geradezu auf das flache Land gedrängt und die Not der dortigen Kaufleute damit nur gesteigert würde. Deshalb begegnet z. B. das Be=streben, eine Sperrung Wiens gegen den Hausierhandel herbeizuführen, großer Abneigung bei den übrigen Händlern im Kronlande. Eine Sperrung der größeren Orte setzt daher die Verringerung der Hausierbefugnisse voraus. Diese ist aber mit Sicherheit bloß im Falle einer Absperrung Österreichs gegen die Hausierer aus Ungarn erreichbar.

Der Vorschlag, den Hausierer in allen von ihm berührten Orten, in denen er einen Geschäftsbetrieb beabsichtigt, zur Einholung des gemeindeamtlichen Visums zu verhalten und seine Hausierbefugnis im Orte an die Ein=tragung dieser Vidi in sein Hausierbuch zu knüpfen, würde wohl auch indirekt eine Beschränkung des Hausierwesens ergeben. Ist jedoch diese Absicht der Grund des Vorschlages, so läßt sich die Hausierbeschränkung wohl zweckmäßiger durch ein klares Verbot ausdrücken. Wird aber der Hausierer zugelassen, so scheint es nicht billig, ihn dem auszusetzen, daß er vom Gemeindebeamte und Vorsteher eventuell tagelang hingehalten wird, bevor ihm durch das Visum der Geschäftsbeginn gestattet wird. Auf diese Weise ließen sich wohl die Hausierer vom Besuche mancher Orte abschrecken, aber ein solches Mittel wäre gesetzestechnisch nicht rein.

Was drittens die zu verhausierenden Waren betrifft, lassen sich mannigfache Einschränkungen aus sanitären, gewerblichen und polizeilichen Gesichtspunkten vornehmen. Die Maßnahmen wären auch diesbezüglich den konkreten Verhältnissen der verschiedenartigen Hausiergebiete anzupassen.

Diese Verhältnisse zu erheben, ist wichtig. In Südtirol richten sich Klagen gegen die Hausierer mit Seidenraupensamen[1], in vielen Städten gegen die ganz unökonomische und sanitär bedenkliche Einrichtung des Brothausierens. Eine Anomalie ist, daß Waren, mit welchen auf Grund des § 12 Hausierpatentes nicht hausiert werden darf, auf Grund von § 60, Absatz 2 oder 3 der Gewerbeordnung ruhig verhausiert wird (Essig, Zuckerwerk, Statuetten u.f.w.). Unentschuldbar ist, daß die sanitäre Bedenklichkeit des Hausierens mit Lebensmitteln unbeachtet bleibt, trotzdem z. B. die Lebenshaltung der Hausierer in großstädtischen Massenquartieren den Behörden wohl bekannt ist.

Desgleichen kann endlich in Bezug auf die Art des Hausierens das Betreten der Häuser und Wohnungen wider ersichtliches Verbot oder nach der Zeit des vollen Tageslichtes untersagt, die alte Kontrolle von Pack und Pinkel — wie es im jüngsten österreichischen Entwurfe geplant ist — wieder aufgenommen werden u.f.w.[2].

Zu beachten sind auch die Maßregeln zur Durchsetzung der gesetzlichen Vorschriften: heute sind die Klagen zahlreich über die Unzulänglichkeit der Polizei auf dem Lande gegenüber unbefugten Hausierern, über die Unerheblichkeit der gegen Hausierer verhängten Geldstrafen u.f.w.

Das alles sind aber technische Fragen, Fragen zweiter Ordnung, Fragen der Ausführung, welche sich aus den Umständen ergeben, und bezüglich deren man sich wohl auf die Einsicht der gesetzgebenden Faktoren und die Findigkeit der Interessenten verlassen könnte. Sie alle sind von Belang, sobald die principielle Frage gelöst, und beschlossen ist, daß gegen das Hausierwesen mit mehr oder weniger Energie vorzugehen sei.

Verschiedene Interessenten streiten für und gegen das Hausierertum.

Das Fabrikswesen hat daran ein doppeltes Interesse: rücksichtlich des Vertriebes von Ausschußwaren, wie auch insoweit als die Hausierer Ab-

---

[1] Zumindest war dies vor einigen Jahren der Fall; vgl. das Sitzungsprotokoll Atto nella Seda della Camera di Commercio e d'Industria Rovereto, 30. settembre 1891, S. 19.

[2] Zur Verhinderung, daß die Hausierer ein förmliches Geschäftslager halten, das sie fortlaufend ergänzen, und zu dessen Absatz sie eine Ortschaft oder Gegend beständig abhausieren — worüber häufig geklagt wird —, schlägt ein Antrag des Abgeordneten Foerg und Genossen, betreffend den Hausierhandel (285 der Beilagen zu den Protokollen des österreichischen Abgeordnetenhauses, XV. Session 1898) vor, ein Ortsvisum auf beschränkte Zeit einzuführen, falls es zur Vermeidung eines zu starken Anbranges von Hausierern an einem Orte notwendig erscheint. Diese Frist hätte nicht auf weniger als drei Tage zu lauten. Zugleich wäre die Frist auszusprechen, nach welcher der Hausierer in diesen Ort zum Geschäftsbetriebe zurückkehren darf. Diese Frist dürfe jedoch vier Wochen nicht überschreiten (§ 8, Abf. 3).

nehmer der regulären minderen Erzeugnisse sind. Bei der Untersuchung dieser Verhältnisse wäre klarzustellen, inwieweit die Bedeutung des Hausierers für die Industrie etwa dadurch begründet ist, daß manche Fabriken relativ geringwertige Rohstoffe verarbeiten lassen oder infolge der Verwendung schlecht entlohnter, technisch niedrigstehender Arbeiter viel Ausschußwaren produzieren — ob und in welchem Umfange die Behauptung richtig ist, daß Hausierer auch gute Qualitäten vertreiben. (Sie sollen thatsächlich auch schweres Leinen kaufen, um es in den Städten — als Hausleinwand ihrer Gegend an den Mann zu bringen.)

Welche Bedeutung hat aber der Hausierbetrieb für das heutige Fabrikswesen in seiner Gänze?

In völliger Ermangelung einer Produktions- und Konsumsstatistik, in Ermangelung eingehender monographischer Erhebungen und Umfragen wissen wir hierüber nichts.

Der **Händlerstand** profitiert zum Teile selbst vom Hausierer, zum Teile eignet er sich sogar diese Vertriebsform an. In welchem Maße hat sich jedoch die Lohnhausiererei bereits entwickelt? Welche Bedeutung besitzt sie heute im modernen Cirkulationsprozeß der Güter? Auch hierüber wissen wir nichts.

Nur die seßhaften **Detail**händler, die sich durch den Hausierer geschädigt sehen, sowie die durch die einschlägigen Bestimmungen der Gewerbeordnung benachteiligten Gewerbetreibenden erheben ihre Stimme.

Auf Grund dieser grundlegenden Thatsachen: der Bedeutung der in Frage kommenden Interessen der **Erzeuger**, der **Händler**, dann der **Hausierer** selbst, sowie der Gewohnheiten und Neigungen der **Käufer** wäre erst die sachkundige Antwort zu geben auf die Frage, was sein könnte und **sollte**?

Für den Politiker, welcher Interessen vertritt und vertreten soll, ist die Antwort nicht sehr schwer. Wohl aber ist sie es für jeden, der nicht als Parteienvertreter, sondern als Richter im Kampfe der Klassen auftreten, seine Meinung auf Grund von **Sachkenntnis und objektiver Erwägung** aller Umstände bilden möchte.

Jüngst hat ein Autor das Begehren Platos citiert, der herrschende Stand im Staate sei von den die Menschen insgemein bezwingenden Interessen loszulösen, das Regieren jenen zu übertragen, welche es bloß als eine notwendige Last übernehmen, welche ein glücklicheres Leben kennen als das politische. Dieses Begehren mag im ganzen „eine grandiose Staatsutopie"[1] bleiben: der echte Staatsmann wird stets das allgemeine Interesse

---

[1] Steinbach, Die Moral als Schranke des Rechtserwerbs und der Rechtsausübung. Wien 1898, S. 105 fg.

vor Augen haben. Der Thatsachenkenntnis bedarf aber selbst der erleuchtetste Lenker des Staates. Und je komplizierter die modernen wirtschaftlichen Verhältnisse sich gestalten, je breitere Massen von den einzelnen Fragen und Maßregeln berührt werden, desto nötiger erscheint ein abgeklärter „Staatsrat", ein Chor der Greise, welche, losgelöst vom wogenden Kampfe der Interessen, persönlich frei das Wort erheben.

Ohne vorgefaßte Meinung, jeder doktrinären Schrulle fremd, auf Sachkenntnis gestützt, sollte vor allem der objektive Gelehrte dem Politiker zur Seite stehen. Doch wie schwach sind die Kräfte der Wissenschaft, gilt es praktische Fragen zu lösen! Wie gering, wie lückenhaft die Kenntnis der wirklichen Dinge! Und doch hätte sie für den wirtschaftspolitischen Berater des Staatenlenkers dieselbe Bedeutung wie für den Richter sein positives Gesetzbuch. Eindringende Thatsachenkenntnis und ein ruhiges Gewissen hätten diesen Richter in wirtschaftlichen Angelegenheiten zu leiten.

Heute aber folgt selbst der nach Objektivität Ringende häufiger einer Schulmeinung als der Kenntnis der Dinge. Diese zu fördern wäre heut eine überaus wichtige Aufgabe der Bureaukratie, welche die aus konkreten Anlässen nötigen Erhebungen möglichst häufig mit der Unterstützung aller staatlichen und öffentlichen Organe an Ort und Stelle vornehmen lassen sollte, um wirtschaftliche Informationen in ausreichendem Maße gründlich und rasch zu beschaffen!

Eine solche Arbeit haben hier Private zu leisten versucht.

Bei allem Respekt vor ihren Leistungen, welchen die Anerkennung nicht zu versagen ist, bei aller Verläßlichkeit ihrer Angaben kann man doch die vorliegenden Privatberichte, wie wir eben sahen, nicht als erschöpfend ansehen.

Genügen aber diese Forschungen allein dem Staatsmanne nicht, so hat er umsomehr Anlaß zur Förderung offizieller **deskriptiver Wirtschaftsstudien**.

Rundschreiben des Vereins für Socialpolitik
in Hinsicht auf
Untersuchungen über das Hausiergewerbe.

„Seit Jahren klagen Handwerker und Kleinhändler über die Konkurrenz, welche die Hausierer ihnen bereiten. Die rasche Befriedigung einer vielleicht seit längerer Zeit aufgestauten Nachfrage, die Ausdehnung ihrer Wirksamkeit auf ein größeres territoriales Gebiet, der oftmalige Umsatz des Betriebskapitals u. s. w. scheinen dem

Hausierer vor dem Inhaber eines stehenden Gewerbebetriebs einen Vorsprung zu gewähren.

„Dazu kommen sittliche Erwägungen, die es nicht gleichgültig erscheinen lassen, was für Personen der Hausiererei obliegen. Wenn, wie das namentlich seitens derjenigen Hausierer geschieht, die nur gelegentlich in eine Gegend kommen, nicht regelmäßig in kürzeren oder längeren Zwischenräumen denselben Kundenkreis besuchen, auf den Leichtsinn, die Unerfahrenheit, die Eitelkeit der Käufer spekuliert wird, können aus einem an und für sich berechtigten Erwerbszweige Gefahren für die Bevölkerung erwachsen, von denen niemand im voraus sagen kann, wie weit sie reichen werden. Hierin liegt auch wesentlich die Ursache, daß von jeher in allen Ländern die Regierungen ein wachsames Auge auf die Hausierer gehabt und ihre Thätigkeit unter eine mehr oder weniger strenge Kontrolle genommen haben. Durch die Novelle von 1883 zur Reichs-Gewerbeordnung, sowie durch die in fast allen Bundesstaaten neuerdings eingeführte hohe Besteuerung der größeren Betriebe sind der Hausiererei schon jetzt recht enge Schranken gezogen.

„Der Ausschuß des Vereins für Socialpolitik hat nun beschlossen, Untersuchungen über Betriebsweise und Bedeutung des Hausiergewerbes anzustellen und zu diesem Zwecke eine Kommission, bestehend aus den Unterzeichneten, eingesetzt, die das vorliegende Arbeitsprogramm aufgestellt hat. Bei dem Hin- und Herwogen der Meinungen über die Zulässigkeit des Hausiergewerbes und die ihm zu ziehenden gesetzlichen Schranken kommt es darauf an, Thatsachen festzustellen, die ein sicheres Urteil über dasselbe erlauben und die erhobenen Klagen ins rechte Licht rücken. Es giebt Ortschaften, in denen die Einwohner vorzugsweise durch Hausierbetrieb sich erhalten; es giebt Industriezweige, die auf einem andern Wege kaum genügenden Absatz finden, und es giebt Gegenden, die ohne die Hausierer in Verlegenheit um die Befriedigung gewisser Teile ihres hauswirtschaftlichen Bedarfs wären. Diese Zustände, über die man in der Litteratur teils nur veraltete, teils gar keine Nachrichten trifft, eingehend zu ermitteln, ist der Wunsch des Vereins für Socialpolitik.

„Um das Ziel zu erreichen, wird es keinen andern Weg geben als den, welcher sich schon bei den Untersuchungen über die Lage des Kleingewerbes bewährt hat. Es müssen monographische Darstellungen vorzugsweise jener Ortschaften, von denen die Hausierer auszugehen pflegen, sowie einzelner Zweige des Hausiergewerbes erstrebt werden. Es ist zu ermitteln, von welchen örtlichen Bedingungen die Entstehung der Hausiererei abhängig ist, mit welchen Gegenständen gehandelt, wohin gegangen wird u. s. w. Gleichzeitig aber muß man darauf bedacht sein, daß so sich zeigende Bild durch eine Schilderung auch der Absatzgebiete zu ergänzen. Hier ist wesentlich zu erforschen, wie die Verhältnisse des stehenden Gewerbebetriebs und Handels beschaffen sind, die dem Hausierer Raum zu seiner Wirksamkeit lassen. Sollte es dabei möglich sein, die Erfahrungen des Publikums mit den Hausierern im allgemeinen zu ermitteln, so könnte das nur zur Vervollständigung des Bildes beitragen.

„Unter den beim Gewerbebetrieb im Umherziehen in Betracht kommenden Persönlichkeiten lassen sich nun 7 Kategorien unterscheiden:

1) Handwerker, die Leistungen anbieten, wie Scherenschleifer, Verzinner, Klempner, Kesselflicker, Schneider, Schuhmacher u. s. w.

2) Hausindustrielle, die Erzeugnisse ihrer eigenen Kunstfertigkeit oder der Geschicklichkeit ihrer Familienmitglieder vertreiben, wie Korbmacher, Holzschnitzer, Leineweber, Strohflechter, Uhrmacher, Bürstenmacher, Nagelschmiede u. s. w.
3) Personen, welche selbstgewonnene oder durch Aufkauf erworbene Erzeugnisse der Forst- und Landwirtschaft oder der Gärtnerei vertreiben, wie Brennholz, Beeren, Sämereien, Obst, Gemüse, Blumen, Vieh, Geflügel, Eier, Butter u. s. w.
4) Händler, die aus fremden Geschäften, von Fabrikanten oder Kaufleuten bezogene Waren verkaufen.
5) Die von Fabriken oder Handelsgeschäften ausgesandten Handelsreisenden, welche Warenbestellungen aufsuchen, entweder bei Privatpersonen oder bei Wiederverkäufern, wie die Wein-, Cigarren-, Wäsche-, Konfektions- u. s. w. Reisenden.
6) Inhaber von Wanderlagern und Veranstalter von Warenauktionen.
7) Schauspieler, Specialisten, Artisten, Glücksbudenbesitzer u. s. w.

„Der Verein hält es für ratsam, die Untersuchung zunächst auf die Lage der vier ersten, untereinander mehr homogenen, Kategorien zu beschränken. Dabei ist festzuhalten, daß die zweite und die vierte Kategorie sich in vielen Fällen nicht genau trennen lassen werden, indem manche Hausierer den Vertrieb selbsthergestellter und eingekaufter Erzeugnisse vereinigen. Als besonders charakteristische Typen dieser Kategorien wären der städtische Straßenhandel und der Wirtshaushandel im Auge zu behalten.

„Im einzelnen würden dann bei den Darstellungen etwa folgende Punkte zu berücksichtigen sein:

I. In socialer Beziehung.

1) Die Personen, die sich mit der Hausiererei beschäftigen, nach Alter und Geschlecht, Civilstand und Religion, Mutter- und Umgangssprache, körperliche Gebrechen.
2) Vermögensstand (Haus, Ackerland, Viehbesitz) und Zahl der Kinder oder sonstigen zu ernährenden Angehörigen.
3) Verbindung des Hausiergewerbes mit anderer Erwerbsthätigkeit. Betreiben die zurückbleibenden Angehörigen in Abwesenheit des Hausierers ein Gewerbe und welches?
4) Sind die Hausierer das ganze Jahr hindurch auf der Wanderschaft oder nur während einiger Monate und während welcher?
5) In welchen Fällen besteht begründeter Verdacht, daß der Hausierhandel nur Vorwand für das Betteln ist?

II. In wirtschaftlicher Beziehung.

1) Die Art der durch den Hausierhandel vertriebenen Waren und die Ursachen, weshalb man versucht, sie durch Hausieren abzusetzen.
2) Werden die Waren zu Hause angefertigt oder von Hausindustriellen, Handwerkern, aus Handelsgeschäften, aus der Fabrik bezogen, oder stammen sie aus dem Ankauf von Ausschußwaren und Resten auf Jahrmärkten?
3) Unter welchen Zahlungsbedingungen (bar, Umschlagskredit) und zu welchen Preisen werden die Waren bezogen? Besteht dabei zwischen Lieferant und Hausierer ein festes Vertragsverhältnis?

4) Welche Mengen werden jedesmal bezogen, und in welcher Zeit gelingt es, die Waren umzusetzen?

5) Wird auf eigene Rechnung gehandelt oder auf fremde? (sog. Lohnhausiererei?)

6) Begleiten Hilfspersonen den Hausierer, oder findet er solche an den Absatzorten vor? In welchem Verhältnis stehen diese Personen zum Hausierunternehmer (fester Lohn, Tantième)?

7) Was für Beförderungsmittel für Mensch und Ware werden gebraucht?

8) Dauer und Kosten des Aufenthaltes an den einzelnen Orten mit besonderer Berücksichtigung des Herbergswesens; sonstige Spesen?

9) Geht der Verkauf gegen bar vor sich oder im Wege des Tausches gegen landwirtschaftliche Erzeugnisse? Welche Preise werden erzielt? Wird dabei vorgefordert und wieviel?

10) Gewinn im einzelnen und im ganzen nach Abzug der Kosten und Spesen?

11) Werden bestimmte Gegenden und Orte regelmäßig und in welchen Zwischenräumen aufgesucht?

12) Genaue geographische Umschreibung des Absatzgebietes unter Hervorhebung der Orte, wo am meisten und gewinnbringendsten verkauft werden kann. Die Gründe dafür.

13) An welche Kreise der Bevölkerung wird vorzugsweise verkauft?

14) Zu welchen Zeiten ist der beste Absatz?

15) Hält in den vom Hausierer besuchten Örtlichkeiten der stehende Gewerbe- und Handelsbetrieb die vom Hausierer angebotenen Waren überhaupt nicht feil? Bei welchen Waren konkurrieren stehender und Wanderbetrieb miteinander?

16) Im letzteren Falle sind eventuell die Ursachen zu ermitteln, weshalb der stehende Betrieb den Wettbewerb des Hausierbetriebs nicht aushalten zu können glaubt, wobei die Fragen 2, 3, 9, 13, 14 auch für den stehenden Gewerbe- und Handelsbetrieb zu beantworten wären.

17) Hat der Hausierhandel in den letzten Jahrzehnten zu- oder abgenommen? Hat insbesondere das Gesetz über die Sonntagsruhe seine Ausbreitung begünstigt? Kommen Klagen von seiten des Publikums über Übervorteilung durch Hausierer?

„Indem die unterzeichnete Kommission des Ausschusses Ihnen den vorstehenden Plan mitteilt, ersucht sie Sie ergebenst, bis gegen den 15. August 1896 ihr unter der Adresse des mitunterzeichneten Professors Dr. Wilhelm Stieda in Rostock, Paulstr. 10, anzuzeigen, ob Sie geneigt wären, an dem in Aussicht genommenen Sammelwerke des Vereins mitzuarbeiten, welche Ortschaft, Gegend oder welchen Zweig des Hausiergewerbes Sie zu schildern gedächten, oder welche Mitarbeiter Sie vorschlagen könnten, und bis wann die Einlieferung der beabsichtigten Monographien zu erwarten sein dürfte.

„Die obigen Fragen sind, wie die ähnlichen früheren Fragen des Vereins, als Schema anzusehen, das die Untersuchung erleichtert, jedoch die Mitarbeiter nicht streng in allen Einzelheiten bindet. Vielmehr hat der Verein von jeher den einzelnen Mitarbeitern freien Spielraum für ihr individuelles Ermessen und für die Anordnung gelassen. Die Fragen sollen nur im wesentlichen andeuten, um was es uns zu thun ist und den Arbeiten von vornherein eine gewisse Vergleichbarkeit unter sich geben.

„Der Ausschuß geht von der Annahme aus, daß die Arbeiten im Laufe des Frühjahrs 1897 eingehen. Wo nicht eine besondere Vereinbarung mit der Kommission stattfindet, ist vorausgesetzt, daß die einzelne Monographie 1½—2 Bogen nicht übersteigt.

„Das Honorar für den Bogen soll 50 Mark betragen.

    Karl Bücher,   C. E. Knebel,   Wilhelm Lexis,
Universitäts-Professor,   Geheimer Regierungs-Rat,   Universitäts-Professor,
     Leipzig.   Mitglied des preußischen Landtags,   Göttingen.
                    Köln.

         H. v. Scheel,   Wilhelm Stieda,
Geheimer Ober-Regierungs-Rat,   Universitäts-Professor,
Direktor des Kaiserl. Statistischen Amts,   Rostock i. M.
         Berlin.